主要作者及丛书简介:

雅克·马丁:法国著名漫画大师，1921年生于法国斯特拉斯堡，早年便在漫画方面表现出过人的天赋，与著名漫画家埃尔热和雅各布并称为“布鲁塞尔学派”的三个主要代表。1948年，马丁创造出阿历克斯这个生活在恺撒时代的罗马青年形象，并在《丁丁》杂志上开始连载他的故事。凭借着广博的历史和文学知识、娴熟的绘画技巧以及对古代建筑精细准确的再现，马丁创立了一个以严谨考证为基础的历史漫画创作流派。1953年，马丁与埃尔热工作室合作，参与了几部丁丁漫画的创作。1984年，马丁获得法国艺术文学骑士勋章。1988年，卡斯特曼出版公司大规模出版“阿历克斯历险记”丛书，以庆祝马丁创作这套系列漫画40周年。马丁一生共创作漫画120多部，累计销量超过1000万册。2010年1月21日，马丁在瑞士逝世，他的助手们目前在继续他的系列漫画的创作。

“时光传奇”丛书:“阿历克斯历险记”系列漫画是雅克·马丁一生中最重要、最畅销的作品，也是世界漫画史上的经典作品之一。“时光传奇”丛书的重要组成部分即为“阿历克斯历险记图解历史百科”丛书的中文版。在本书中，阿历克斯和他的伙伴将穿越时空，带领读者领略各大古文明的兴衰。

特别感谢**让·托尔顿**对本分册的大力帮助。

时光传奇
Khronos Cross

法国漫画大师雅克·马丁作品

玛雅

［法］雅克·马丁　著
尹明明　苏湘宁　译

北 京 出 版 集 团
北　京　出　版　社

目录

年 表

前古典期

前古典期早期（前1500—前800年）：开始发展农业；部落聚集成为村落，形成自给自足的经济。

前古典期中期（前800—前300年）：奥尔梅克文明创造出历法与文字的雏形；神权政治确立；文明的发展繁荣促进了人口定居，艺术、编织品与陶器也产生了萌芽。

前古典期晚期（前300—150年）：发明出象形文字与数字“零”；历法日臻完善；开始出现大规模的石质建筑。

古典期

古典期早期（150—300年）：玛雅文化的发展与演化；祭司王统治人民，兴建各类宗教仪式中心。

古典期中期（300—600年）：玛雅文化达到鼎盛，发展繁荣，在科技上取得重大进步，并应用在梯田种植和灌溉水渠上；玛雅城市内部开始通商；建筑、天文、数学、文字全面发展。

古典期晚期（600—900年）：玛雅文明发展到达顶峰，人口增加。

衰落期

衰落期早期（9世纪末）：衰落由多种原因造成：人口过剩、气候变化、地力耗竭；统治者在应对自然灾害及民众叛乱时举措不力，尤其是在蛮族入侵时应对失策。

衰落期中期（1000—1250年）：发展对外贸易；蛮族入侵后，确立军权统治，统治者欺压人民，玛雅文明衰落；托尔特克人和伊察人入侵，进入魁札尔科亚特尔（即库库尔坎）统治时期；玛雅-托尔特克文明发展迅猛，衰落进程暂时中止；组建玛雅潘联盟，共同抵御蛮族入侵。

玛雅文明

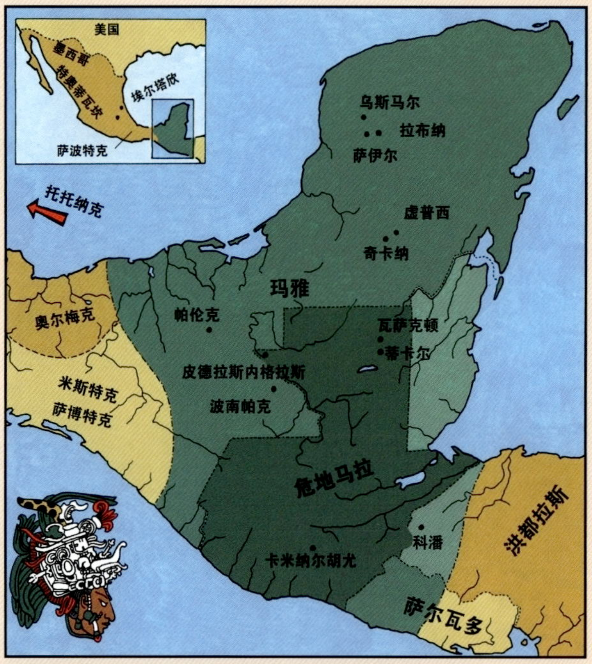

蛮族入侵

衰落期晚期（1250—1697年被西班牙征服）：玛雅诸王国之间的混战导致了政治、经济与社会分崩离析。当西班牙征服者登陆时，这里已经四分五裂，分裂成了众多小城邦。最后一个王国对西班牙的抵抗一直持续到了1697年。

衰落期开始于900—1000年，于1517年西班牙人到来后终结。

909年
衰落期告一段落。须知这不仅仅得益于人的因素，后文将会对此进行探讨。

935年
魁札尔科亚特尔抵达玛雅。

980年
墨西哥人（包括伊察人）的新一轮入侵。

987年
玛雅文明在乌斯马尔复兴。

1263年
玛雅潘，玛雅文明最后的都城。

1461年
玛雅潘的覆灭与酋邦的兴起，出现了众多的独立小国。

1511年
独立小国繁荣、稳定。第一批西班牙人因遭遇海难，来到玛雅。

1517年
西班牙征服者科尔多瓦正式发现尤卡坦半岛。

1518年
格里哈尔瓦对此发现进行确认并继续探险历程。

1519年
科尔特斯绕城而过。

1523年—1524年
阿尔瓦拉多征服危地马拉。

1525年
科尔特斯发现塔亚萨尔王国。

1527年—1528年
老蒙特霍第一次进攻尤卡坦半岛。

1529年—1531年
老蒙特霍第二次进攻尤卡坦半岛。

1531年—1534年
老蒙特霍第三次进攻尤卡坦半岛。

1535年—1548年
小蒙特霍最终征服尤卡坦半岛。

1697年
玛雅最后的王国——塔亚萨尔覆灭。

注：书中地图系原文插附地图。

前言

多么伟大的征程！多么迷人的民族！玛雅的建筑之瑰丽，艺术之典雅奇特，吸引着越来越多的游人纷至沓来，其中既有来自尤卡坦半岛当地的游客，也有无数来自世界各地的仰慕者。

玛雅的历史，往往不为人熟知，却引得无数人沉醉、遐想。在大众眼里，玛雅文明（至少是伟大的共和国时期）与埃及文明似乎有不少相近之处。但是，当我们研究了玛雅的历史，这种比较的意识就在顷刻间消失殆尽了。玛雅内部各个王国之间从未停止过内战，更不用说玛雅人先与阿兹特克人、后同墨西哥人无休止的冲突。此外，由于玛雅的传统植根于活人献祭之上，极不利于人口的壮大，玛雅文明与埃及文明的差异便显而易见。同样的风俗也存在于非洲，尤其是贝宁。活人献祭导致该国人口骤减，继而削弱了国力。这种骇人的风俗使得玛雅在应对外敌入侵时分外脆弱，而外敌不会因为看似无法逾越的丛林与屏障，就放弃进攻。

这样的风俗存在于许多热带地区的部落之中。除玛雅人之外，最著名的当数迦太基人。这个民族屠杀了很多孩童，向他们的主神巴力献祭，以致他们不得不招募雇佣兵来保卫城邦，因为他们的人口已无力应战。

在历史长河中，我们不难发现，其他一些古老文明中也存在着类似的仪式。如今，这种仪式在我们看来是野蛮残忍的，在面对如此暴行之时，他们竟没有任何反抗的举动，这着实令人感到震惊。

然而，在战事接连不断的背景下，西班牙人来势汹汹，征服了这片土地，而方济各会的牧师和传教士则紧随大军之后，不遗余力地胁迫这些不幸的玛雅人，为他们施行洗礼，即使他们对那些教义丝毫不解。

在这不间断的恐慌中，玛雅人反倒由于黄金产量微薄而获取了一线生机。西班牙征服者转而对印加领土大举入侵。印加文明拥有巨大的黄金储备，他们也因为这一优势而付出了惨重的代价。

然而，如果说西班牙人相对完整地保存了玛雅大型建筑的话，他们仍热衷于毁掉看上去像是宗教场所的地方，以便在原地建立起新的教堂。如此一来，那些久负盛名的历史遗迹便荡然无存了。

对于许多历史学者而言，这是无法饶恕的罪行；然而，请勿忘记，每一个征服外族的种族都是相似的：抹去被征服民族的本土宗教信仰，认为只有他们自己的宗教崇拜才是应有之义。所以，一切被认为是异教膜拜的象征都应当消失。历史上，这种敲诈掠夺、这种文化罪行比比皆是，而且可悲的是，这样的罪行从未终止。

时至今日，玛雅文明并未彻底从世上消失，有人会说这是诸神的恩惠。事实上，即使旅游业对尤卡坦半岛的“侵袭”越发肆虐，甚至有一丝“灾难性”的意味，但从其中得到的意外之财也可以让当地人维持生计。

在这一进程中，在这一视角下，但愿这一卓越的民族能够从某种意义上重拾独立，即便无法复兴古老王国的繁荣，也能够形成一个文化共同体，令这一非凡而又堪称典范的文明重现生机。

雅克·马丁

艰难的开端

奥尔梅克人，在纳瓦特尔语中意为“来自橡胶之国的人”，他们擅长雕塑，尤以雕刻巨型玄武岩头像为主。这些头像多半是为纪念国王或杰出人物所造

玛雅是否是个一派祥和、由学富五车的睿智祭司们统治的神权社会呢？通过对其文字的破译，针对玛雅的研究已经取得重大进展。这使得我们渐渐发现，玛雅人的世界就像古希腊人一样，复杂多样、尚武好战。玛雅人创造的文明璀璨夺目，而他们的城市由各自被奉若神明的君主统治，彼此每时每刻都处于竞争之中。与之相比，疆域的扩展却少之又少，所以并不存在真正意义上的玛雅帝国。

人类定居美洲大陆，是相对晚近的历史事件。前70000—前10000年，极地地区的冰川在冰川期不断累积，导致海平面下降。

于是，新旧世界之间的通路打开了，这条通路位于阿拉斯加附近的白令海峡。以狩猎为生的游牧民族成群结队，从西伯利亚向美洲迁移，迁移的浪潮接连不断，他们最终逐渐占领了美洲大陆全境，其足迹远至阿根廷的巴塔哥尼亚。

约前10000年，因全球气候变暖，海平面上升，这一通路消失。

第一批抵达美洲的先民依然处于旧石器阶段，从此他们便和其他的人类世界切断了联系。他们内部进行着发展演化，从未与外界有过正式的接触，其中既包括西方文明，也包括东方文明。

所以说，前哥伦布时期[1]的各种文化，是源于内部独具匠心的创造，完全不受外界各类重要因素的影响。

特奥蒂瓦坎很快发展成了一座庞大的城市，其建筑之宏大壮观，与随后兴建于中美洲的建筑相比有过之而无不及。这座城市为一个强大的王国打下了基础，王国的荣光将闪耀在墨西哥全境，控制、影响着玛雅艺术的整个成型时期。玛雅人一度受到了一定程度的限制，但这依然没有阻止他们在随后建起属于自己的最美城市——蒂卡尔，以及其他小城，如卡米纳尔胡尤和瓦萨克顿等

这些民族中，有的自力更生，创造出了高等文明所必备的元素——动物畜养、农业发展。在动物畜养方面，人们用火鸡取代小鸡，豚鼠取代兔子，羊驼则取代了驴，如此种种，不胜枚举；农业方面，虽然没有小麦、黑麦、燕麦和水稻，这里却盛产玉米、豆类、西红柿、南瓜、木瓜、鳄梨、番石榴、可可、菠萝、马铃薯和烟草等。由于没有山羊、绵羊，也没有公牛，史前的狩猎者也因食用马肉而将马匹消灭得干干净净，所以这里并不存在供人驱使的牲口，耕地用的犁与车轮也没有用武之地。

与更久远的古时一样，定居使得生活更加方便，从而促使了纺织与制陶技术（没有陶轮）的发明和丰富多彩的演变，冶金术和文字也借助机缘日益成熟。

【1】前哥伦布时期即美洲在哥伦布登陆探索之前的历史时期。

与旧大陆相比，这里的发展滞后是显而易见的，但这并没有阻碍玛雅人在数学与历法上的前进步伐，其水平之超前令人叹为观止。

本书是介绍前哥伦布时期美洲各大文明的第一部。在这本书中，我们介绍的玛雅文明，在美洲印第安人的原始文明中无疑是最发达的。

玛雅古国疆土跨越了墨西哥的南部和东部，南抵洪都拉斯与萨尔瓦多，面积将近33万平方千米。

尽管玛雅人将自己的历史上溯至前3130年，但事实上，我们仅仅发现了玛雅人在大约前1000年之后的生活遗迹。玛雅人也并非唯一生活在美洲中部的民族。

奥尔梅克人在漫长的文明征程中捷足先登（约前1000年）。他们为玛雅文明注入了第一批元素：建筑、金字塔、橡胶球比赛、石雕，以及历法与文字的雏形，大概还有本土宗教的基础，其中就包括活人献祭的风俗。大约在前500年，奥尔梅克文明戛然而止，这无疑是在民族流动引发的入侵下覆灭的。

接力棒于是交到了萨波特克人与特奥蒂瓦坎人手中。由于这两大部族的文化将会在另一本介绍阿兹特克、托尔特克以及其他相关文明的书中提及，我们不在此赘述。

玛雅民族的特征大约在前2000年左右成形，那时玛雅人渐渐占领了沿海地区以及河流湖泊的沿岸。他们用木材搭上枝条排，在其上覆盖黏土或灰泥，屋顶则搭上棕榈叶，建起了圆形的房屋。大约在前450年，这些房屋的形状渐渐演变成了椭圆形或长方形，与现代玛雅人的住房十分相近。这种新的房屋结构扩大了室内空间。

玛雅人以农耕、采集、捕鱼和狩猎为生。农业技术的进步（抬高农田，用运河水网灌溉）使得当

春分和秋分时[1]，太阳位于观象台的正中央，夏至和冬至时，太阳则分别出现在观象台的左右两侧

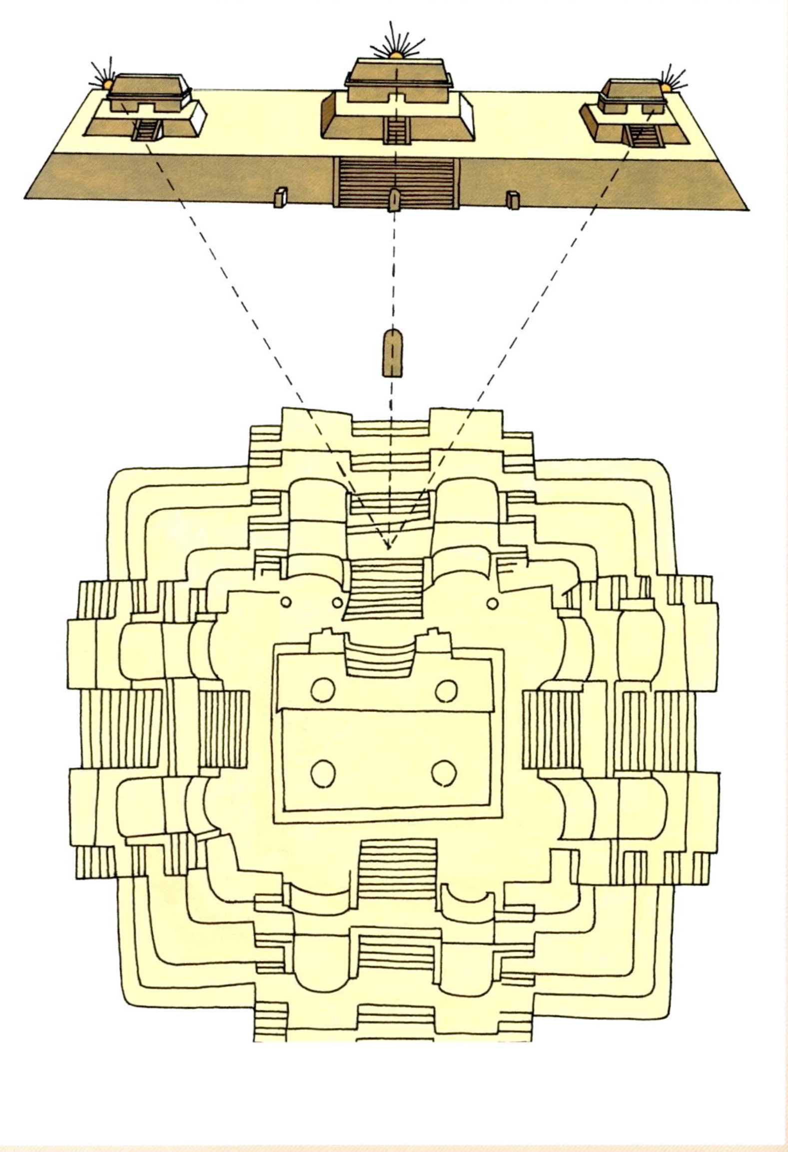

瓦萨克顿城内尽是简陋的屋舍，而在城市中央，则有一组石质建筑散布在五座山丘上，以做宗教用途

【1】确切而言，是“昼夜平分点”，真实的昼夜平分点只是一个标示日夜等分的瞬间时刻，并不是一整天。

几个世纪以来，这些建筑不断得以修缮、扩容，最终形成了一个宫殿建筑群

地人口显著增加。这种相对富裕令文化不断发展革新。玛雅人还兴修了大型工程。我们若是以瓦萨克顿为开端复原玛雅文明的面貌的话，就不应该忽视拔地而起的众多规模宏大的祭祀场所，那里有石砌的大型建筑，有金字塔，还有举行橡胶球比赛的球场，比如埃尔米拉多。

但是，五本书的容量都不足以完全展现玛雅文明的全部奥妙，所以需要择其重点。从这一点讲，瓦萨克顿最为突出，足以作为这一恢宏开端的代表。当地的建筑被涂上了红色，乳白色的线脚下方衬着红色和黑色的线条。这里的金字塔是用来祭祀神灵的，同时也是天文观象台，可用来计算土地的开垦、播种以及收获的日期（见第5页的简图）。

毫无疑问，瓦萨克顿是玛雅文明早期重要的祭祀中心之一。比如右图的金字塔，其形态依旧受到了奥尔梅克和特奥蒂瓦坎的强烈影响。

金字塔首先是由长方形的水泥平台构成的，每向上累积一层，面积便递减一点。随后，铺上石头使其更加坚固，石头上镶嵌着浮雕，上面刻画着天界的妖怪。沿着中央的台阶拾级而上，往往会在顶端看到一座神庙，屋顶覆盖着棕榈叶。

瓦萨克顿金字塔。在金字塔的层层台阶之上，有一座观象台

蒂卡尔

虽然国王在物质与文化方面享有极大的权利，但是他们同时也承担着巨大的风险。与处死平民百姓相比，俘虏了一个城邦的君主（或王子），把他们当作活人献祭的人牲，价值要高得多。蒂卡尔与瓦萨克顿展开了角逐，在建筑上彼此攀比，并展开连绵不断的战争，俘虏皇室血脉。最终，蒂卡尔的国王“美洲虎爪”（Patte de Jaguar）攻下了瓦萨克顿，成为那里的统治者。

这座巨型人面像足有一人之高，是装饰蒂卡尔城中央一座金字塔边缘的八大人面像之一。它表现的是鸟神沃库伯·坎奎克斯（即所谓的“七金刚鹦鹉”）

特奥蒂瓦坎称雄时期，玛雅社会以其为参照，分成了两大截然不同的阶层：一个阶层是祭司，另一个是普通百姓。

玛雅的各大城市因此受祭司王统治，而统治者往往宣称自己是神明的后代。

宗教的影响力急剧上升，赢得了无上的威望。不久后，宗教控制了玛雅人日常生活的方方面面，甚至于最细微之处。由于崇拜神灵，他们的宗教仪式越来越烦琐，所以需要相应地创建一套制度。

这时候，人们大量建造了金字塔。这些坐落在人造山丘上的金字塔专门用来供奉神祇。高高在上的金字塔昭示着神明不容置疑地凌驾于人类之上的地位。金字塔同时具备观象台的功能，偶尔也做堡垒之用。

大约500年，由于屡次遭受北方蛮族入侵，特奥蒂瓦坎王国灭亡了。衰落起初表现为政治体制遭遇的意外灾祸，它成为日后遍布中美洲的一系列深重灾难的根源。

事实上，534—593年，玛雅人再也没有大兴土木。这段停滞期过后，玛雅文明终于从这一轮劫难的桎梏下挣脱出来，实现了第一次飞跃。

为避免上色困难，玛雅人往往会在建筑的装饰内壁抹上一层灰泥。这些装饰往往色彩绚丽

蒂卡尔全景

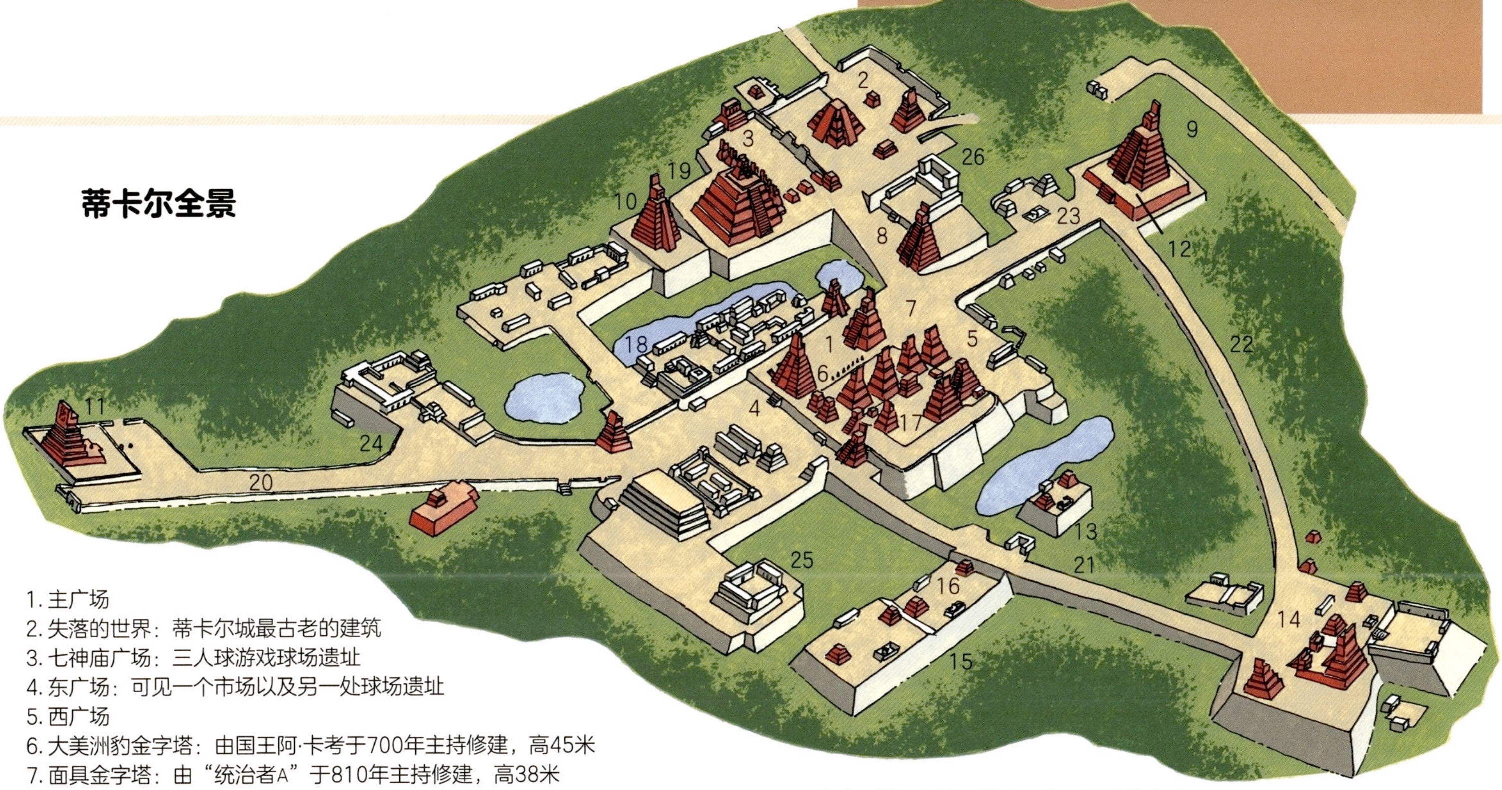

1. 主广场
2. 失落的世界：蒂卡尔城最古老的建筑
3. 七神庙广场：三人球游戏球场遗址
4. 东广场：可见一个市场以及另一处球场遗址
5. 西广场
6. 大美洲豹金字塔：由国王阿·卡考于700年主持修建，高45米
7. 面具金字塔：由“统治者A”于810年主持修建，高38米
8. 大祭司金字塔：建于810年，高50米
9. 双头蛇金字塔：由国王雅克辛·坎·恰克于740年主持修建，高65米
10. 五号神庙：高57米，大约建于750年
11. 铭文金字塔：由雅克辛·坎·恰克在766年主持修建
12. 统治者阿·卡考在711年主持修建的建筑群
13. 731年修建的建筑群
14. 雅克辛·坎·恰克在751年主持修建的建筑群
15. 国王齐塔姆在711年主持修建的建筑群
16. 国王齐塔姆在790年主持修建的建筑群
17. 北卫城
18. 中央卫城：在这里发现了有五层楼的宫殿
19. 南卫城
20. 1000米堤道
21. 350米堤道
22. 250米堤道
23. 750米堤道
24. 宫殿类建筑群，可以通过带拱顶的通道进入其中， 通道入口的造型是面具的嘴
25. 宫殿类建筑，与两个蒸汽浴池相邻
26. 蝙蝠宫——其中包含另一个蒸汽浴池

前600年，蒂卡尔还是一座小小的村庄，四周被沼泽环绕。约300年，蒂卡尔脱离了埃尔米拉多的影响，成为玛雅古典期最发达、最重要的中心城市。在长期臣服于特奥蒂瓦坎的统治之后，蒂卡尔大约在500年摆脱了特奥蒂瓦坎的控制。在全盛时期，蒂卡尔占地1600公顷，有数万名居民。玛雅人持续不停地建造这座城市，在蒂卡尔城中，拔地而起的建筑达3000余座。219年，国王雅克斯·莫克·苏克（Yax Moch Xoc）即位，他的王朝一直延续到9世纪蒂卡尔解体之时。大量碑文的译文向我们道出了王朝中的权力斗争，以及玛雅城市内部司空见惯的一出出阴谋诡计。这座城市几起几落，一直蓬勃发展到800年。然而在9世纪初，蒂卡尔城中的人口急剧下降。这座城邦的统治者们在形式上还继续维持着他们古老的王权。到了9世纪末，蒂卡尔城最终被彻底废弃。

这座“都城”是玛雅人重视修筑金字塔的典范。与民用建筑和行政机构一样，这里的神庙紧邻大片作为公共广场的开阔空地，方便了城市的管理统筹，并得以俯瞰城市的各个区划。在庙宇的边角以及广场上矗立着许多具有纪念意义的石碑。宽阔的大道将不同的建筑群紧密相连，为列队游行和祭祀仪式营造环境氛围。

与特奥蒂瓦坎的金字塔截然不同，玛雅金字塔的高度着实惊人。毕竟，玛雅金字塔可是在热带地区拔地而起的，要与森林中耸立的巨树争高，若有可能，还要远远超出树顶。中央的阶梯非常陡峭，对于不习惯的人来说，无论是爬上还是爬下都会异常艰险。在大部分情况下，因为由石头砌筑的“山尖”太高，神庙的高度甚至会翻倍。这些设计都是为了营造一种直通云霄，与众神相通的感觉

玛雅人常用石碑铭记重大的历史与宗教事件，具有纪念意义。石碑的前面往往堆砌着很多切割的石块作为祭台，供人们在上面摆祭品。一般情况下，用作祭台的石块往往先竖立好再进行雕刻。得益于这些石碑，我们可以确定蒂卡尔许多建筑物的修建时间，并得知主持修建这些建筑的统治者的名字

面具金字塔高达38米，顶部的神庙像美洲虎神庙一样，有3间内室

金、铜等金属在玛雅比较罕见，也并不适用于加工石料，仅仅适用于制作珠宝。在玛雅人心目中，玉石要比黄金更加珍贵。玛雅工匠们的手中仅有石质工具，考虑到这一点，那些石墙上的雕刻可谓工艺精湛

蒂卡尔全景

埃尔塔欣

带有宗教色彩的橡胶球比赛在埃尔塔欣最为流行。用于比赛的球场呈“I”字形修建，中间是一条狭长的赛道，微微倾斜的坡道在两侧彼此相对。橡胶球重量不轻，比赛时，参赛者不能用手抓球，只能用膝盖、肘部还有胯部运球。他们身穿木质或皮质的护具，不是社会精英，就是重要的囚犯。后者若是获胜，可以重获自由，失败后则要面对死亡。

在中美洲的古代社会中，橡胶球比赛具有重要意义。上图为埃尔塔欣众多球场之一。这项运动既象征了宇宙天体与日月星辰的运行规律，也诠释了生与死之间的实力角逐。也许这种比赛正是通过借助神灵的某种裁决来调和冲突的。该城一座球场刻有一些浅浮雕，浮雕上清晰地描绘了与比赛相关的活人献祭场面。比赛结束后，输掉的球队或队长很有可能成为血腥献祭仪式上的人牲而被处死

伴随着特奥蒂瓦坎的衰落与消亡，其他民族的文化得以发展。托托纳克（意为“古代先民”）文化便是如此。我们在这里提到托托纳克文化多少有些勉强，因为它并不属于墨西哥南部大区，而那里才是古典期的玛雅文明发展繁荣之地。但是，托托纳克文化是玛雅-索克文明这一大家庭的一员。此外，就像他们在尤卡坦半岛上的兄弟那样，托托纳克人也开始兴建壮观雄伟的民用和宗教建筑。

约前100年，托托纳克人开始修建埃尔塔欣。那时的埃尔塔欣还是一座小城。随后，这座城市的建筑数量不断增加，形成了古朴而别具一格的特色，最终埃尔塔欣成为墨西哥湾沿岸最重要的城市。这片地区频繁遭受暴风雨的侵袭，埃尔塔欣这个名字就有“暴风雨”之意，可见托托纳克人显然是要把这座城市献给他们心目中最重要的暴风雨之神。

埃尔塔欣的橡胶球球场数量之多实为罕见，这也是埃尔塔欣的特征之一。这座城市至少拥有11座球场，是其他地方无可比拟的。也许埃尔塔欣就像古希腊的奥林匹亚一样，成为一处为祭祀众神而举行竞赛的圣地。

埃尔塔欣于约前100年建城，600年左右达到鼎盛，900年时开始走向衰败。约1320年，这座城市的祭祀中心内遗留之物被洗劫一空，残垣断壁被付之一炬，最终这座城市湮没在热带丛林之中。

埃尔塔欣大部分建筑的侧面都有浮雕，这些浮雕由成组的几何形图案构成，这就是埃尔塔欣的装饰风格

埃尔塔欣考古发掘区

1. 壁龛金字塔
2. 南部球场
3. 北部球场
4. 卫城
5. 石柱建筑群
6. 南部广场

埃尔塔欣全貌（300—900年）

壁龛金字塔（左侧）及其附属建筑。壁龛金字塔于约600年完工，由365个壁龛组成，每个代表一个太阳日。一般认为，埃尔塔欣与科潘两城之间存在商业文化交流。其实，在科潘某些金字塔的斜坡上，我们可以看到，其中有些循环往复的图案与壁龛金字塔相同

金字塔台阶的中部通常有扶垛。举行公共节庆期间，扶垛上很可能摆放着显赫人物或神明的雕像

科潘——石碑之城

1839年10月，探险家斯蒂芬斯和卡瑟伍德发现了科潘古城的遗址。那时，人们早已遗忘了第一批西班牙征服者笔下满是惊奇与赞叹的记述，把他们的发现当成谎话。那个年代，许多学者都不相信印第安人的祖先能够修建出如此宏伟的建筑。然而，时间最终基本上印证了第一批西班牙征服者的话。

科潘古城的大部分石碑，都是国王的巨型全身像，其边缘有纹饰，还刻有象形文字。一般情况下，左边雕刻的是一位君王，右边则是他的继任者。左图即不幸的国王“十八兔”雕像（715年）

科潘建立于5世纪，建城者为国王雅克斯·库克·莫，又名克沙尔鸟·金刚鹦鹉·绿。随后，科潘渐渐发展成玛雅东部边境最重要的城市。科潘以众多精美的石碑闻名于世。这些石碑上面往往刻有象形文字，帮助我们还原了这座古城的相当一部分历史。按照惯例，科潘的历代国王通过获取军功、开疆拓土来博取名望。邻邦基里瓜与科潘为敌，科潘时常向其发动战争。734年，新王考阿克·天空登上了基里瓜的王位。4年后，他鼓动民众发动起义推翻科潘的统治，一场大规模的战争紧随而来。出乎众人的预料，科潘的国王“十八兔”被捕，成了献给众神的人牲，被斩首。但是在一个月之后，“十八兔”的继任者“烟猴”成功扭转了局势，再次夺得基里瓜。科潘重新获得了该地区主导城市的地位，直到800年该城遭到废弃时为止。

该建筑被称作“罗莎莉拉”[1]，因周身颜色为淡粉色而被考古学家冠以此名，它堪称巧夺天工。应当注意的是，其实所有的玛雅建筑色彩都曾绚丽夺目，只是这些华美的颜色并没有保存下来，只有这栋建筑是个例外。在建成后不久，它就完全被一座金字塔覆盖，而后者的保存状态则十分糟糕。在金字塔“守护”下，罗莎莉拉所有的图案和颜色都得以完好留存于世

【1】“罗莎莉拉”在西班牙语中意为“淡粉色”。

科潘地图

1. 主广场
2. 卫城东院
3. 卫城西院
4. “十八兔”国王主持搭建的石碑
5. 举行公共仪式专用的神庙
6. 球场
7. 刻有象形文字的大型阶梯
8. 王宫
9. 神庙宫殿
10. 主神庙

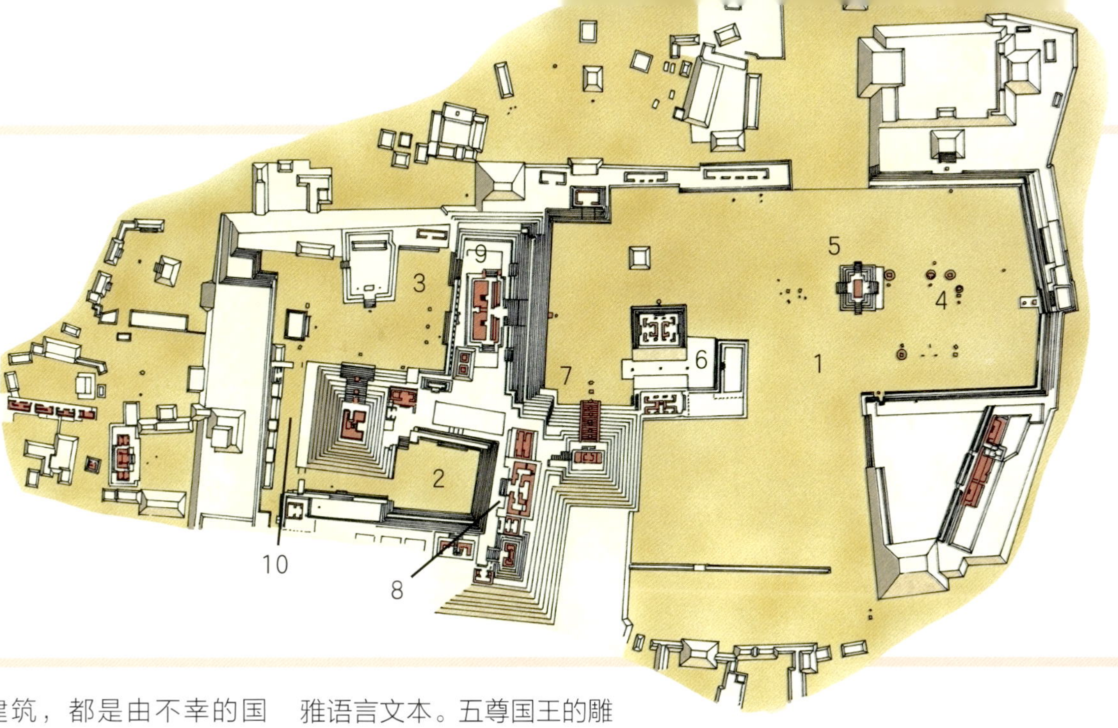

科潘大部分留存至今的建筑，都是由不幸的国王“十八兔”修建的。他主持兴修的球场，是中美洲全境最典雅、最广阔的球场。科潘的建筑群与居民区布局巧妙，展现了玛雅人心目中理想的宇宙模型。对于玛雅人来说，将可见世界与神灵宇宙相协调统一，是非常关键的。

球场的南侧矗立着一级级大台阶，上面刻有象形文字，这2200多个象形文字道出了一代王朝的兴衰历史。这是至今为止所发现字数最多、篇幅最长的单篇玛雅语言文本。五尊国王的雕像依次屹立于台阶的中央。这一建筑集雕刻、文字于一体，是玛雅文明中少有的奇观。

在那个时代，许多城邦的国王都不遗余力地向臣民宣传他们是神明的后裔。所以，“十八兔”国王身着玉米神的服装，而他的雕像则镶嵌着玉石。有的时候，国王也被视为生命之树的化身。石碑的布局则体现了星系与星辰的运转。在上一页左上图，我们可以看到表现不幸的国王“十八兔”形象的石碑，这是在他即位之际便修筑好的。

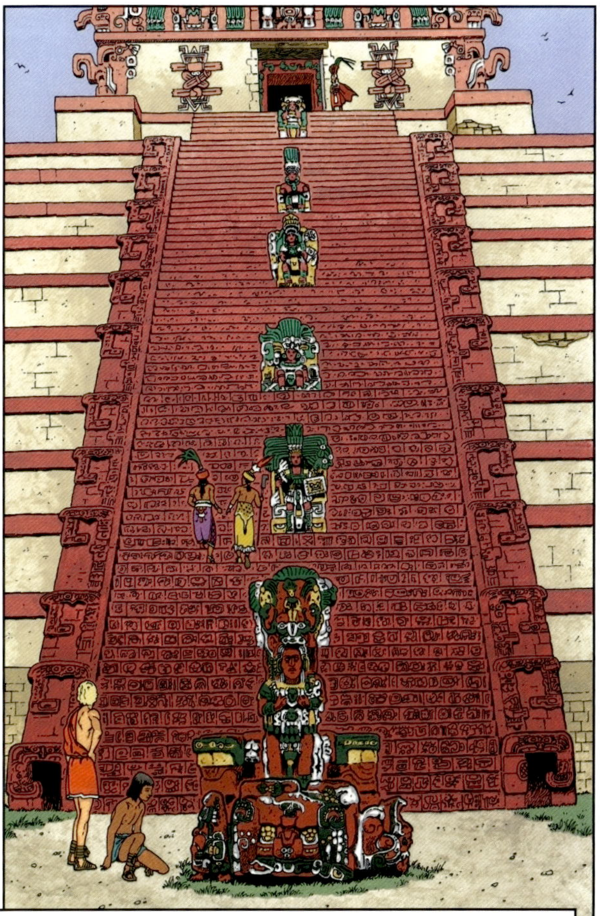

左上图：玛雅的擎天神——“巴卡布斯”众神像。他们身体下蹲，脚下踩的是象征下界（即冥府）的头盖骨，头顶着象征天穹的爬行动物
左下图：橡胶球球场
右图：球场的南侧有一座大楼梯，台阶两侧刻有2200多个象形文字。这些长长的象形文字讲述了科潘王朝的历史。截至目前，这些文字是有关玛雅文明非常重要的文献之一。在台阶的中央，五尊国王的雕像依次矗立。这一建筑集雕刻、文字于一体，成为玛雅世界的一道奇观。上一章所提到的埃尔塔欣似乎就是从这里得到的灵感，比如高耸斜坡上的图案，以及在中央摆放雕像的阶梯

科潘全景

波南帕克、拉伯纳、帕伦克

塔楼或观象台

波南帕克

正如前文所说，大部分的玛雅建筑不仅外墙色彩绚丽，内壁也如此。玛雅建筑多采用象征生命力的红色。

我们不妨设想，那些绘在陶质表面上的，装饰着宫殿与神庙内墙的壁画历经几个世纪后仍旧光洁如新。

在一个名为“波南帕克”（彩绘墙壁）的遗址中，那里的一些壁画正是这样奇迹般地保存下来的。

积水穿过“V”字形石灰石假拱，形成了一个石灰质保护层，保护脆弱的壁画免受丛林中潮湿空气的侵袭。

画中的人们用宴饮和放血的形式，来庆祝波南帕克城的最后一位重要君主即位[1]。

拉伯纳

拉伯纳以其标志性的“凯旋门”而闻名（参见第25页右上图）。事实上，这座建筑并非凯旋门的性质，其实是一个有穹顶的拱门，四周环绕着众多建筑。

我们可以看到茅草屋的复制品，其被茅草麦秆遮蔽的屋顶就像现在的玛雅农民所搭建的那样。

3号壁画局部

【1】画于790年左右，庆祝亚价·强·穆安登基。

萨伊尔

萨伊尔王宫共分3层，每一层都是由砖块砌筑而成，我们可以通过中央的大阶梯进入其中（参见第24页下图）。

虚普西

里奥贝克地区的建筑风格别具一格，其中便有虚普西宫殿。长廊环绕在这些金字塔神庙形状的塔楼周围。假门无法供人通行，所以台阶也就不具有实用价值。或许这些金字塔墓葬以及环绕其四周的长廊是为入教仪式而准备的（参见第23页下图）。

齐卡纳

与其他里奥贝克地区的聚落中心一样，齐卡纳各个神庙与宫殿的正门由令人印象深刻的“地上怪物”的嘴巴装饰（参见第25页左上图），需要穿过它们才能进入内部。

皮德拉斯内格拉斯

皮德拉斯内格拉斯的建筑气势恢宏，城市的整体布局是依照一座圣山的形象而建的，从而拉近了人类与天空和众神的距离。卫城的中央有一座宫殿，两侧各有一座雄伟的金字塔，其中均安放着陵寝（参见第25页下图）。

从附近的一座金字塔俯瞰宫殿

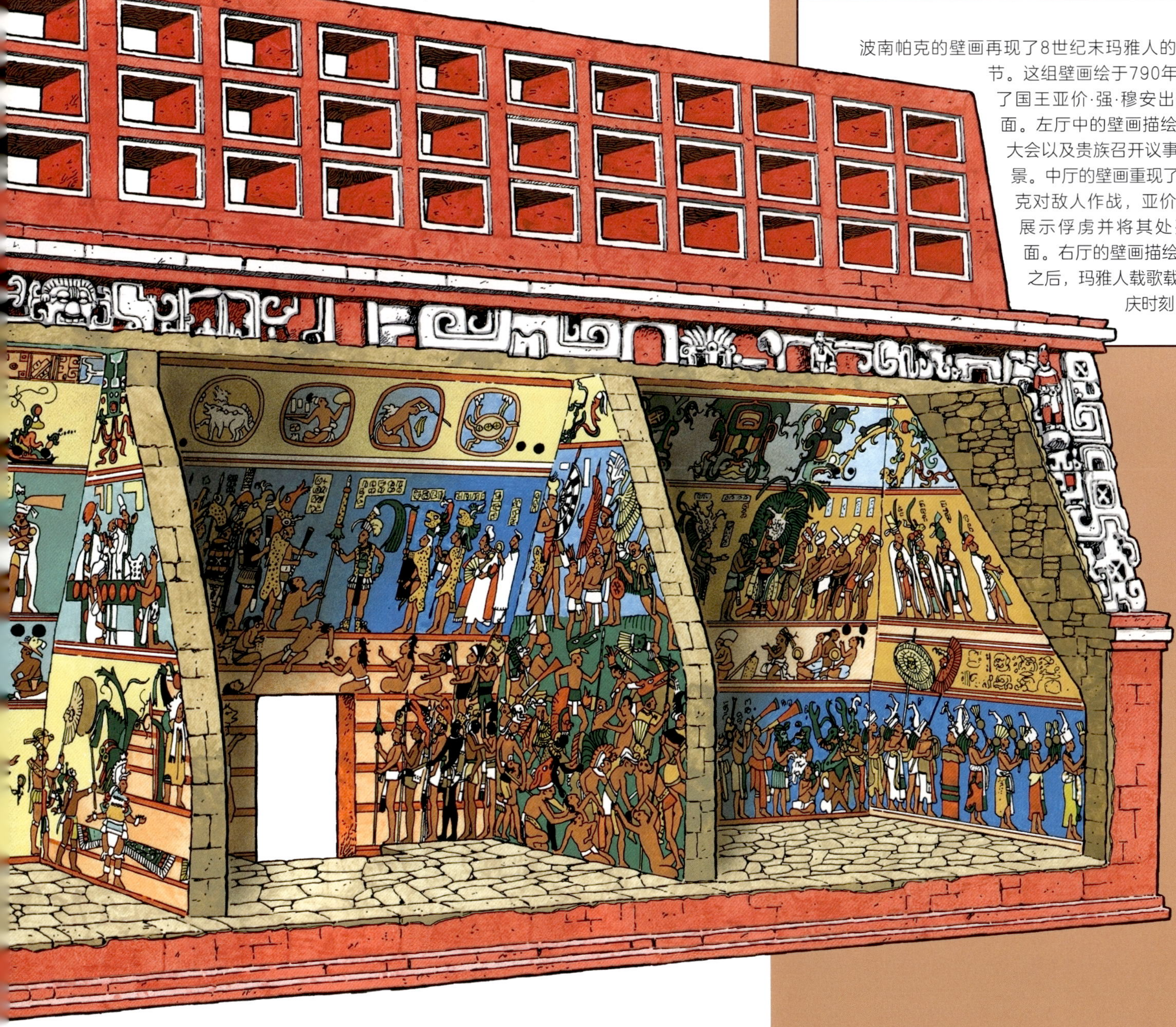

波南帕克的壁画再现了8世纪末玛雅人的生活细节。这组壁画绘于790年，再现了国王亚价·强·穆安出征的场面。左厅中的壁画描绘了部族大会以及贵族召开议事会的情景。中厅的壁画重现了波南帕克对敌人作战，亚价获胜，展示俘虏并将其处死的场面。右厅的壁画描绘了获胜之后，玛雅人载歌载舞的欢庆时刻

太阳神庙

帕伦克

在玛雅文明的发展历程中，帕伦克古城占据一席之地。这就是大名鼎鼎的国王巴加尔（意为“太阳神的盾牌”）统治的城市。巴加尔的陵寝位于城内一座金字塔中，就像古埃及皇室的墓葬群一样。

巴加尔石椁的图案，描绘了墓主人飞翔着沉入冥府的情景，他因此举世闻名。

有些探险家和研究人员大胆猜测这是外星人驾驶宇宙飞船在太空遨游的场景。

帕伦克之美并不局限于一个方面。除了众多宏伟的金字塔之外，帕伦克城还有一座奇妙的宫殿，位于其旁边的塔楼在玛雅建筑中实属罕见（参见第24页左上图）。在城中，无论是雕像还是浅浮雕都极其写实（参见第24页右上图），同样令帕伦克截然有别于其他聚落中心。

这座金字塔上的神庙刻有铭文，金字塔中安放着巴加尔国王的陵寝

帕伦克的太阳神庙，国王强·巴鲁姆于690年修建

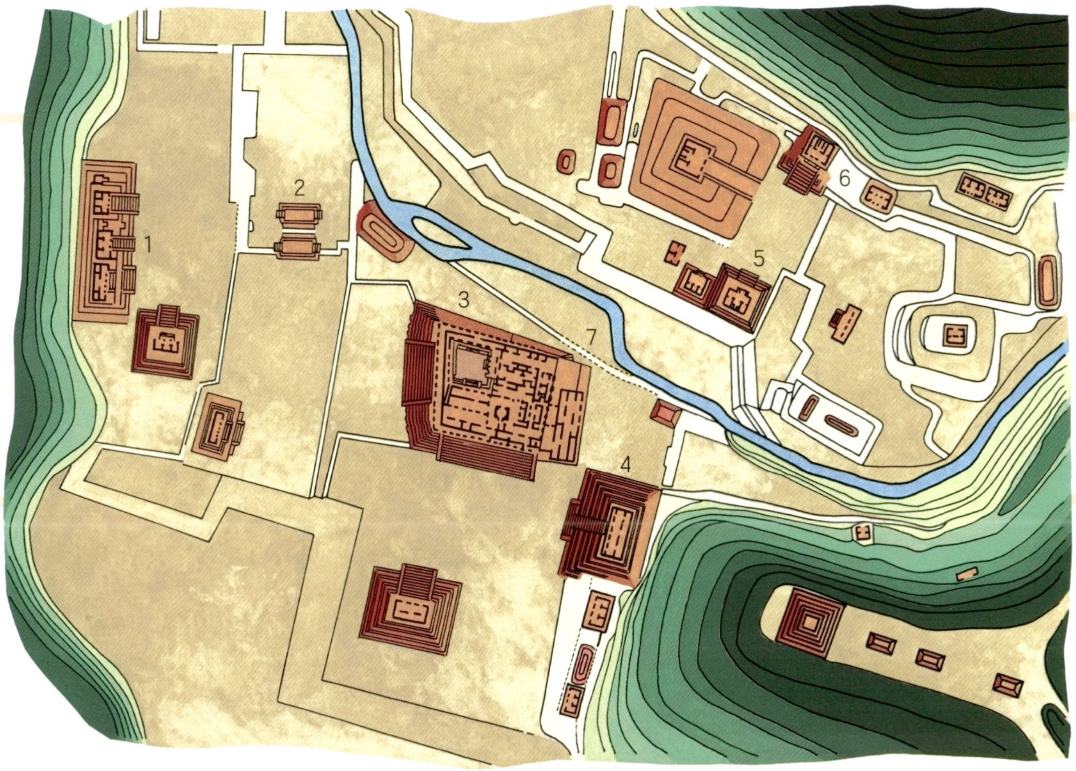

帕伦克示意图

1. 北侧神庙
2. 球场
3. 王宫
4. 建在巴加尔国王陵寝之上的金字塔神庙
5. 太阳神庙
6. 十字叶形神庙
7. 沟渠

虚普西也位于里奥贝克地区，那里的建筑风格较为奇特——宫殿紧邻着金字塔神庙形状的塔楼。人无法进入这些金字塔内部，所以它们的阶梯也就不具有实用价值。或许这些金字塔墓葬以及环绕其四周的长廊是为入教仪式而准备的

帕伦克宫殿的内部一景。这座庭院是由巴加尔国王的儿子坎许勒后来修建的。在下图的左侧，可以看到那座四层塔楼，毫无疑问，这座塔楼在古代有两大用途：一是用作观象台，二是用作哨卡。这里的孩子们会玩一种由陶土制成的、带有滚轮的小动物玩具。与我们长久以来的想法相反，玛雅人是了解轮子这一物件的。只不过，在没有负重牲口的情况下，他们从来不用轮子载货

帕伦克宫殿的内景。这座宫殿由众多彼此互通的厅室组成，是大人物们享受奢侈生活、养尊处优的地方。左边石质王座的上方，有一面浅浮雕，上面描绘了巴加尔加冕时的情景。浮雕中，他的母亲萨克·库克夫人正向他献上“王冠”

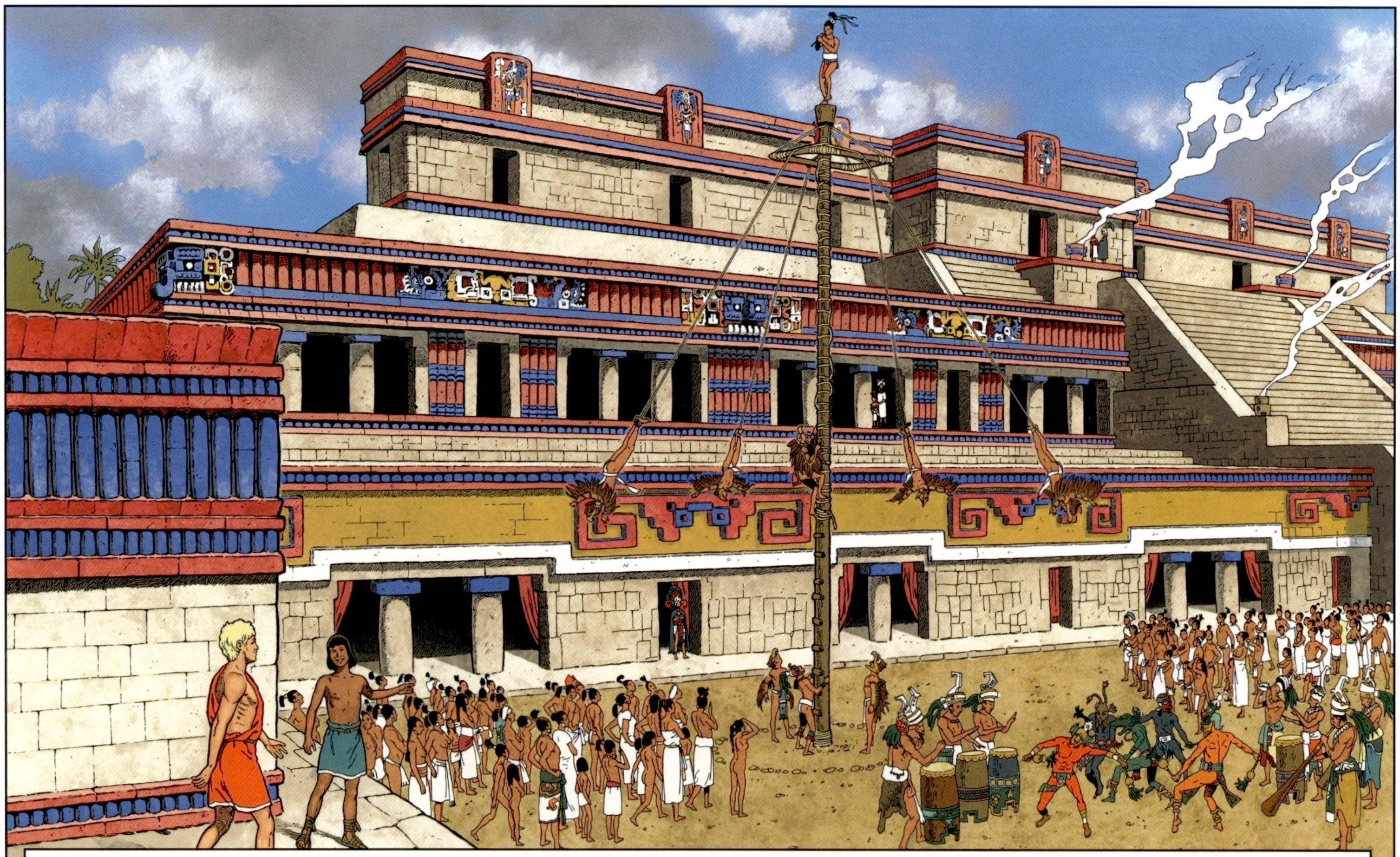

萨伊尔。萨伊尔的宫殿共有三层，每层由整块的大石头砌成。人们可沿着中央的大阶梯进入其中。图中的人们正在观看“飞旋舞”。表演者们装扮成飞鸟，从高高的杆子倒垂而下，一边飞舞，一边盘旋。这种运动具有宗教色彩，现代的托托纳克印第安人还保留着这种遗风

与其他里奥贝克地区的聚落中心一样，令人印象深刻的“地上怪物”的嘴巴装饰着齐卡纳各个神庙与宫殿的正门。人们需要穿过“大嘴”才能进入内部

拉伯纳宫殿一景

拉伯纳拱门

皮德拉斯内格拉斯。这座城市的整体布局是依照一座圣山的形象而建的，目的是拉近人类与天空和众神的距离。城市的中央有一座宫殿，两侧各有一座雄伟的金字塔，其中均安放着陵寝

乌斯马尔

乌斯马尔是最后一批具有古典期建筑特色的玛雅城市之一。其鼎盛期在7世纪至11世纪之间。显然，这座城市的风格已开始受到墨西哥人的影响。城内少有石碑，也没有壁画（至少根据现今考察）。在这座城市的发展末期，一个似乎具有墨西哥血统、名为“希乌”的国王统治了这里。乌斯马尔成为少数几座历史上大幅向衰落期倾斜的玛雅城市之一。

巫师金字塔的附属建筑物（外部局部）

玛雅古典期城市的飞速发展到乌斯马尔那里戛然而止。事实上，乌斯马尔大部分纪念建筑的修建是相对较晚的（9世纪）。

毫无疑问，论其规模宏大，布局和谐有序，乌斯马尔当属尤卡坦半岛最美丽的城市。这座大都市大约有20000名居民，其中包括吸纳来的一批来自墨西哥谷的重要人口。诸多神庙和宫殿的中楣上，经常出现雨神查克形象的装饰图案。

在这些引人瞩目的建筑中，值得一提的是王宫、修女四方宫以及与其他同类型的神庙截然不同的巫师金字塔。

在大金字塔的顶部，有一尊巨型人面像，上面雕刻的是特拉洛克（阿兹特克文明中的雨神）

希乌国王的宫殿

在乌斯马尔，有一座大金字塔已经化为废墟，而另一座巫师金字塔则保存状况良好。巫师金字塔的名字源自当地的传说，相传这座金字塔是由一名巫师在一夜之间建成的。事实上，这座金字塔修建于800—1000年之间。

乌斯马尔有一道具有防御作用的小型城墙，将城市的中心包围起来，而这是玛雅古典期少见的情形。在大多数玛雅城市被遗弃的年代，乌斯马尔依旧成功维持了其城市的职能。统治这里的是希乌家族，一直到西班牙人入侵时还掌管大权。希乌家族的子孙后代繁衍至今，但现在已沦为农民。

配有众多小室的修女四方宫得名于初访此地的欧洲人，因为他们发现这一建筑酷似修道院。修女四方宫很有可能是乌斯马尔城祭司们的住所。这些居室狭窄而且墙壁较厚，在这个酷暑司空见惯的地区，人们在此可以最大限度地享受清凉。

与众不同的是，高达34米的巫师金字塔底部是一整块巨大的基座，而非由多个平台拼接而成。多座神庙在金字塔的前部与后部一字排开，包围着金字塔。

乌斯马尔遗址示意图

1. 橡胶球球场
2. 修女四方宫
3. 巫师金字塔
4. 海龟之宫
5. 总督府
6. 大金字塔

大金字塔（局部）

巫师金字塔的附属建筑（内部）

巫师金字塔的左侧，是拥有众多小室的修女四方宫。巫师金字塔的正前方是海龟之宫，海龟之宫的后面是橡胶球球场。巫师金字塔高34米，其底部是一块巨大的基座，而非由多个平台拼接而成，着实令人惊叹

第一次衰退

西班牙征服者占领玛雅后（当然，这之间经过数次惨烈的战争），他们迈入丛林，不无惊讶地发现这些被草木侵袭的废墟，曾经是一座座华美的城池。“在一片树丛中，我们可以看见一排排废墟，这些废墟中有的是住宅，有的是宫殿，有的是其他各种奇妙的建筑……数目繁多，随处可见。它们由石头砌成，却保存状况良好，着实令人惊诧。”

来到尤卡坦半岛的第一位主教迭戈·德·兰达不禁想到，既然这个国家在古代就能兴建出如此壮美的建筑，那么这个国家应当比侵略者的国土更加繁荣。他们所见到的废墟是修筑于古典期的建筑。这些来自欧洲的闯入者注视眼前的一切，在古代遗迹的阴影下陷入遐思。

而在敬畏的同时，他们又将记载了玛雅民族千年历史的文学作品付之一炬。这些人的思维是有多么奇怪！

800—935年之间出现的一个现象，一直是困扰考古学界的一大谜团，那就是在这段时间里，玛雅文明逐渐萎靡不振，最终彻底衰落，这到底是怎么回事？如今，个中原因已开始逐渐被我们所知晓。

墨西哥人入侵：托尔特克人大战玛雅人

主要原因是过度繁荣滋生了大量人口，而他们需要张嘴吃饭。当地的粮食屡屡颗粒无收，收成不好进而引发了饥荒。

此外，我们了解到，玛雅各城市的统治者们与前人想象中的爱好和平的形象大相径庭。他们为了争得荣耀、夺取霸权和受人敬重，城市之间的战争连绵不休。战火不断，民生凋敝，祭司和国王却大兴土木，修建金字塔、神庙等，他们还举行献祭仪式，希望获得神明的垂青，但天神们似乎对这些统治者并不满意。

人民意识到了造成这些混乱的荒唐之处，起义此起彼伏。他们打碎、拆毁了国王的雕像，贵族不是被杀就是被放逐。

乌斯马尔城勉强维持了一段时间，但是在900年前后，城池的大部分已被人遗弃，进而被周围丛生的草木吞没。虽然玛雅民族在经历了重重苦难之后，依然生存了下来，但是他们追求伟大与力量的梦想却已化为乌有，让位于更加伟大的、谋求社会公正（缩小统治者与被统治者之间的差距）的理想。

最后，外族入侵是玛雅政权败落的决定性因素。印第安墨西哥人、托尔特克人以及其他民族曾入侵玛雅，具体情形我们将会在另一本书中展开介绍。

玛雅文明难道就要从此一蹶不振了吗？

远非如此。入侵的外族由于仰慕玛雅文明的技术与知识，开始向被征服的民族学习。

混杂着些许墨西哥元素，玛雅文化实现了真正的复兴。

不过可叹的是，虽然侵略者被玛雅文明吸收同化，他们却带来了军事独裁统治。

玛雅文明相对和平的神祇谱系中加入了凶残的神灵。活人献祭的现象变本加厉，这大概就是玛雅帝国最终衰落的原因。

蛮族入侵

帕伦克城附近的一尊玛雅神像

现在，我们来到了8世纪中期的玛雅。玛雅文明繁荣发展，进而导致了人口过剩。适宜耕作的土地日渐稀少，森林面积锐减，又引起了干旱、疾病与饥荒的暴发。玛雅的国王们虽然声称自己的权力是神灵赋予的，但却无力应对这样的灾难。绝望的人民群起反抗，打击了平时对他们颐指气使、如今却束手无策的统治者与祭司。许多人开始撤离城市。在西方文明里，这也正是中世纪盛期走向终结的时代（西欧中世纪后期社会下层力量崛起，逐步削弱了天主教会与世俗封建领主们的统治，与玛雅古典文明衰落期的历史进程存在着一定相似之处）。

那些美丽的玛雅城市渐渐被废弃。帕伦克、科潘和蒂卡尔相继于799年、800年和879年遭到废弃，但乌斯马尔和奇琴伊察却幸存了下来。伟大的玛雅古典文明至此走到了尽头。

这就是衰落期的开端。这段时期玛雅动乱频繁，动荡与族群变动的形式在各个地方都有所不同。在此期间，玛雅的总人口也在急剧大幅下降。

外族开始挥军南下，向尤卡坦半岛和危地马拉浩浩荡荡地进发。这些南下的队伍由托尔特克人和其他印第安部落组成，其中就包括来自墨西哥中部以及墨西哥湾沿线的伊察人。一位名叫魁札尔科亚特尔的祭司王是大军的首领，他是一位新神灵——作为知识、艺术与文明之神的羽蛇神——在人间的化身。玛雅人称呼他为“库库尔坎”。

魁札尔科亚特尔在墨西哥受到追杀，935年来到奇琴伊察避难。他当上了奇琴伊察的国王，在位到987年。在他的统治下，奇琴伊察由最初的小城发展成了富丽堂皇的大都市。尽管可能充满神秘传奇色彩，但是魁札尔科亚特尔这一人物确有其人。他对玛雅人民的影响不容小觑，其统治也成为玛雅文明复兴的真正开端。颇具讽刺意味的是，这些被魁札尔科亚特尔统率的令人闻风丧胆的外地印第安人和墨西哥原住民却让玛雅文明重现生机，让当地古老的知识失而复得。这些征服者还对城池、宫殿以及金字塔进行了修葺和重建。

墨西哥人入侵：托尔特克人与玛雅人作战

此外，国家结构的松散也有利于奇琴伊察集中权力，使之成为统领一方的中心。这个新的“国家”成为玛雅历史上著名的政权之一。托尔特克-伊察人并没有抹去被征服民族的主要宗教信仰，但是他们却灵活巧妙地对本土信仰添枝加叶。托尔特克人和伊察人原本是外邦人，他们为玛雅文明扩大对外开放奠定了基础。他们构建了庞大的商业网络，以此将各个聚落相连。在托尔特克-伊察人的统治时期，货物顺着沿海以水路运输。他们出口食盐、石磨、毛皮、纺织品、蜂蜡、蜂蜜、可可、羽毛、装饰品以及铜扣，这些商品远达墨西哥北部以及中美洲南部。同时，托尔特克-伊察人还从境外引进黑曜石、玉石、石器以及金属工具。

可惜的是，与这些托尔特克-伊察人的大军一同到来的，还有血腥的宗教信仰，而这种信仰导致活人献祭的风俗愈演愈烈。要知道，魁札尔科亚特尔是反对这种做法的，他本人就是因为反对活人献祭才受到了墨西哥人的追杀。也许，魁札尔科亚特尔-库库尔坎的部下来到玛雅之后不久，又有小股墨西哥诸侯率领的队伍接踵而至。后者虽然与前者在血统上沾亲带故，但他们的信条却并不一致。举行活人献祭，需要有俘虏充当人牲，所以他们时常发动侵略战争，以便抓获俘虏。从长远看，人民愤懑不满以及社会的躁动不安，一直延续到了奇琴伊察这座托尔特克-伊察人都城的覆灭。

在衰落期，玛雅人开始冶炼金属，打造黄金和铜器（包括青铜器）。他们直到那时才掌握了这些新技术，进而开始制作珠宝、戒指、斧头和针具等物品。

奇琴伊察

奇琴伊察的意思是“伊察人的井口”，所谓的“井”即城内的两口天然井。奇琴伊察与地处东海岸的图卢姆一道，在后古典时期成为尤卡坦半岛最有名的城市。其建城史可以追溯到450年。这座城市在古典期的规模并不是很大，在被墨西哥人侵占了以后，城市开始突飞猛进地发展。

纯玛雅式的古代建筑主要分布于奇琴伊察的南部，如“红房子”“修道院”“鹿房子”以及“阿卡布吉布”（意为“黑暗或朦胧的房子”）。

总的来说，新修的建筑风格与托尔特克人的旧都图拉城极为相像，但建筑水平更高。托尔特克人入侵后复兴了玛雅人古老的技艺，也许这些建筑就受益于此。

在这里，军事首领取代了祭司，享有相应的权威。国王则摇身一变，成了大元帅。城内的装饰持续不断地表现着蛇豹交缠、鹰噬人心、兵团以及骷髅等，羽蛇舒展着长满了羽毛的身体，这样的图案处处可见。

此外，奇琴伊察还出现了其他创新。描绘着库库尔坎形象的托尔特克式石柱支撑起建筑的过梁，出现了一种半躺仰卧的人形祭坛“查克穆尔”，玛雅人在其上摆放祭品，这其中很可能有人的心脏。

千柱广场

美洲豹神庙

浮雕中描述的奇琴伊察武士形象已经墨西哥化了，面容属于墨西哥人，并没有玛雅人典型的长脖子。他们还搭起很多专门用来摆放被斩首的头颅的平台。在置于木头支架上名为“特佐姆潘特利”的平台上，向众神献祭的人牲的头骨被穿成几串，一排排地放着。

根据玛雅古书《契兰巴兰》的明确记载，奇琴伊察曾经被外族部落据为己有，他们曾把这里当成向整个尤卡坦半岛发动战争的大本营。这不无可能，因为当初的玛雅国王曾经雇佣来自墨西哥的士兵作战，这些墨西哥人最终僭夺了他们雇主的权柄。

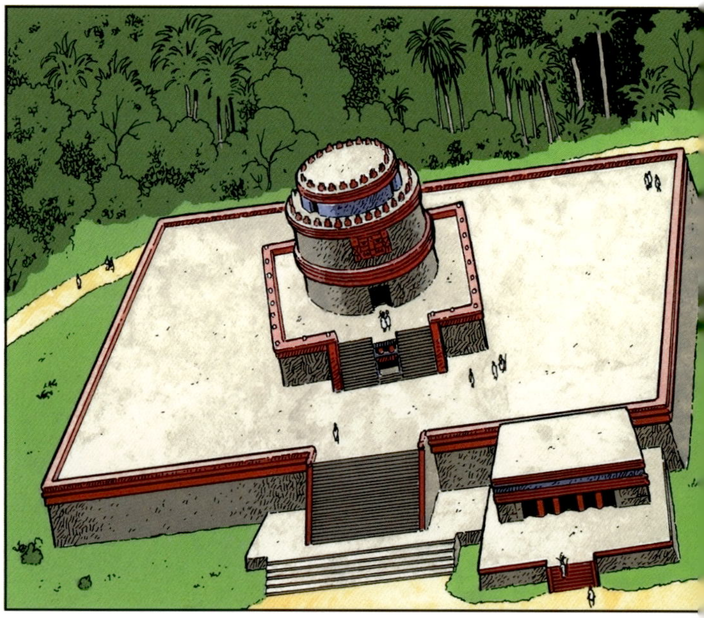

奇琴伊察地图

1. 圣井
2. 大球场
3. 特佐姆潘特利
4. 金星平台
5. 卡斯蒂略金字塔
6. 武士神庙
7. 千柱广场
8. 市场
9. 大祭司墓
10. 托洛克天然井
11. 卡拉科尔观象台
12. “女修院”
13. 美洲豹神庙
14. 教堂
15. 红房子

在其他地方，我们也发现了两大文化的巧妙结合之处。奇琴伊察的最后一批建筑大多兴建于8世纪左右。达到全盛以后，该城占地至少4平方千米；但其真正的外延区域，仍有待我们进一步研究。

这座伊察人的城市，最后不得不抵御玛雅联盟的入侵。一些玛雅人结成联盟，群起反抗他们的“压迫者”。于是，一座以“玛雅人的标准”为名义建立起来的城市——玛雅潘与奇琴伊察相竞争，会集了愤懑不满的玛雅人。

其实，这场起义是由一桩事件引起的，而这一事件与著名的特洛伊战争颇为相似（世界各地的人都是一样的）。奇琴伊察的某个国王诱拐了玛雅潘一个酋长的美丽未婚妻，战争因此爆发而且不断升级。玛雅潘人痛击了伊察人，伊察人则奋起还击，重创了雇佣纳瓦特尔士兵的玛雅潘人。

球场的一块残壁

图左侧是卡拉科尔观象台，右侧是“教堂”和“女修院”。显然，这些名称是西班牙人参照其国内的相似建筑而命名的

在纳瓦特尔人的支持下，玛雅潘人成功复仇，消灭了伊察人，随后在玛雅潘建立了中央集权政府。

奇琴伊察的国王和他的美人则率领族人，逃到了佩滕荒无人烟的地区。逃亡的人群踏入丛林深处，跋涉至一个湖泊前，湖泊的深处有一座小岛（佛洛雷斯）。

他们在那里建造了一座名叫“塔亚萨尔”的白色小城。后来，这座小城不断抵抗着西班牙侵略者，斗争一直持续到1697年。

这期间，奇琴伊察却成为高高在上的玛雅朝圣之地，直到被西班牙人征服。

1532年，西班牙征服者小蒙特霍占领了奇琴伊察并在此经营：这表明该城在当时仍具备一定的重要性。此外，他还将奇琴伊察定为尤卡坦的首府。然而，在玛雅起义者的四面包围之下，他无力维持局面，几年后便抛弃了这里，向提霍进军；提霍随即更名为梅里达，现在仍旧是墨西哥尤卡坦州的首府。

红房子大概是奇琴伊察的一座神庙，建立于托尔特克人入侵之前。房顶上的双重拱顶由希腊纹和面具装点。红房子后面则是卡拉科尔观象台，又称“蜗牛观象台”

图中远景为大球场和美洲豹神庙。右侧箭头指向献祭圣井，左侧箭头指向托洛克天然井。中部是卡斯蒂略金字塔、特佐姆潘特利以及金星平台。近景为武士神庙和绵延不绝的千柱广场，左侧的建筑为市场

右边是“女修院”和“教堂”

“女修院”建筑由众多小室构成，这不禁让西班牙人以为，这些建筑的作用大概相当于西班牙的修道院。实际上，玛雅人常常会修建这样墙体较厚、有小房间的住宅。奇琴伊察气候炎热，这样的房屋对他们而言再合适不过了

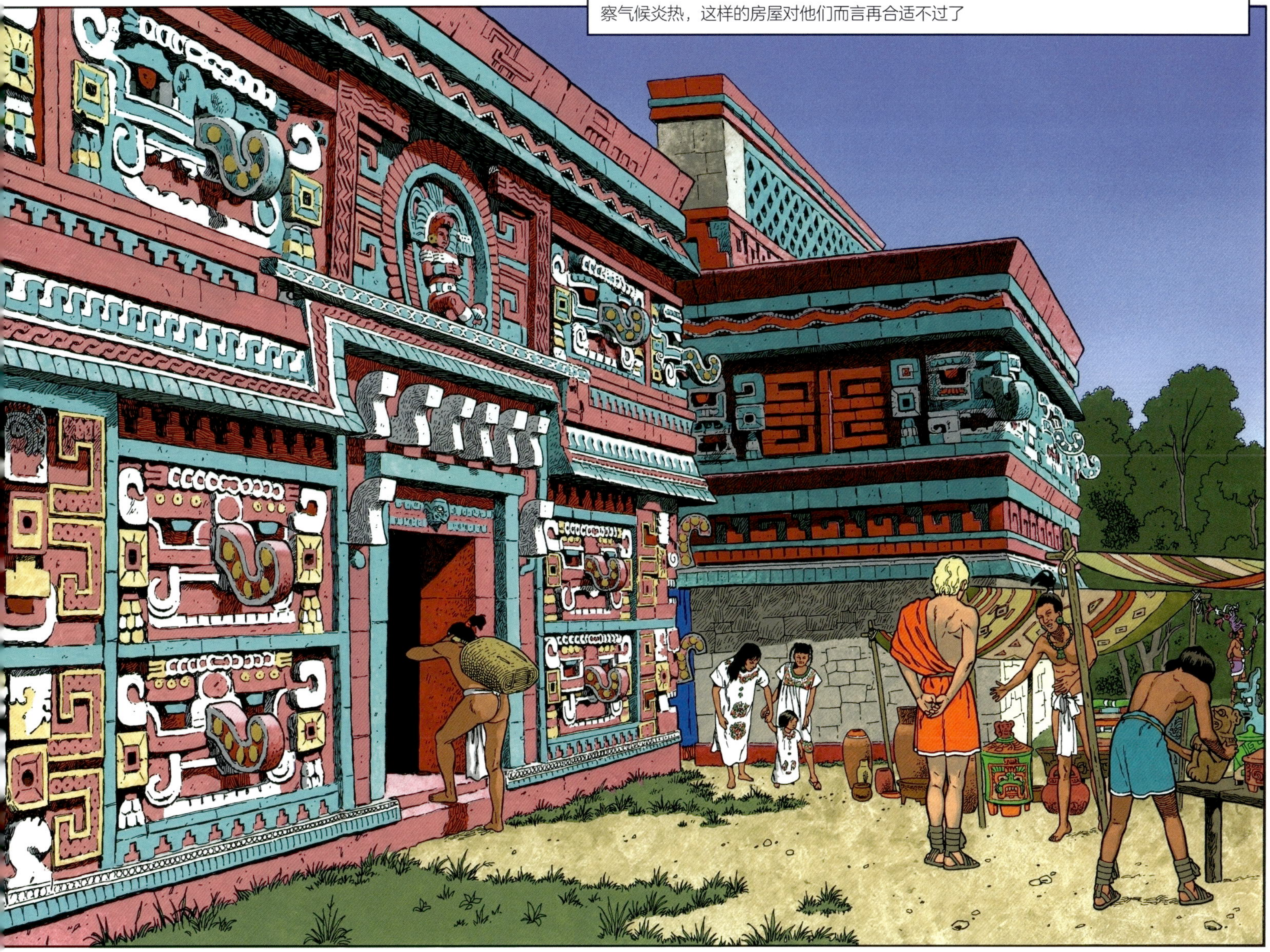

金星平台上的活人献祭场景。献祭者的头颅随后用杆子穿在一种名叫“特佐姆潘特利”的架子上面，架子离金星平台只有一小段距离。远处是卡斯蒂略金字塔

卡斯蒂略金字塔

卡斯蒂略金字塔是奇琴伊察的大金字塔，为赞美太阳神而修建。

卡斯蒂略金字塔的四面各有一座阶梯，每个阶梯由91级台阶组成。如果算上塔顶神庙的基座，金字塔的台阶共有365级，象征着一个太阳年。金字塔的每一面有52块石板，象征着墨西哥每52年一次的历史轮回。

堆叠的九层石阶则代表“西巴尔巴”（又称“下界”）的9层地狱。每一面的九层石阶又由大阶梯一分为二，意味着玛雅历法中一年的18个月。

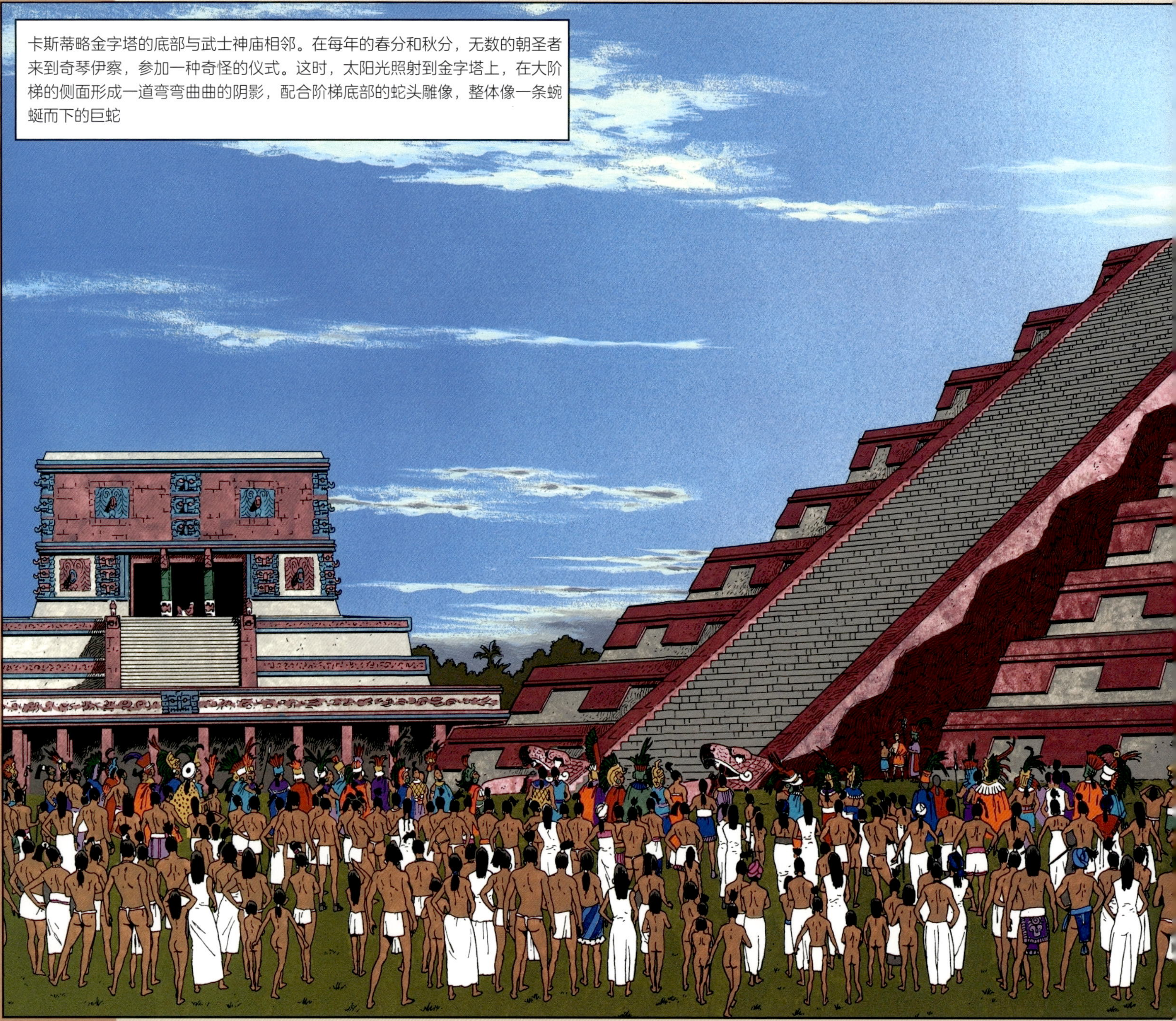

卡斯蒂略金字塔的内部

“蜗牛观象台”卡拉科尔观象台

这一圆形的建筑造型独特。“埃尔卡拉科尔”在西班牙语中为“蜗牛”的意思，因为其内部的阶梯呈螺旋状，直通上方观测天象的平台，所以又称“蜗牛观象台”。

观象台高处的观察窗分别准确指向日月星辰的不同方位，连接观察窗的孔道用于对准视线。观测星象的人以两条交叉的直线为参照，来比较天体运行方位的变化。如此一来，经过长期的观测后，玛雅人发展出了复杂的运算能力，并且达到极高的精确度。

“蜗牛观象台”的内部。圆形的走廊直通楼梯，方便祭司走到不同位置，仰望天穹，观测星象

通过掌握日月星辰的变化，玛雅祭司可以预测四季何时到来，并计算出合适播种的时节。日月星辰的变化同样可以用于预测未来。因为玛雅人信奉这样的原则：曾经存在过的必然会往复轮回。于是，祭司们一边研究过去，一边推导在发生某事件时，星星都处于什么方位，当时举行了什么宗教仪式，仪式有无作用等。这些激发了他们研究天空的热情。他们的观测结果极其精密，与现在的观测结果非常接近，在古代世界中遥遥领先。

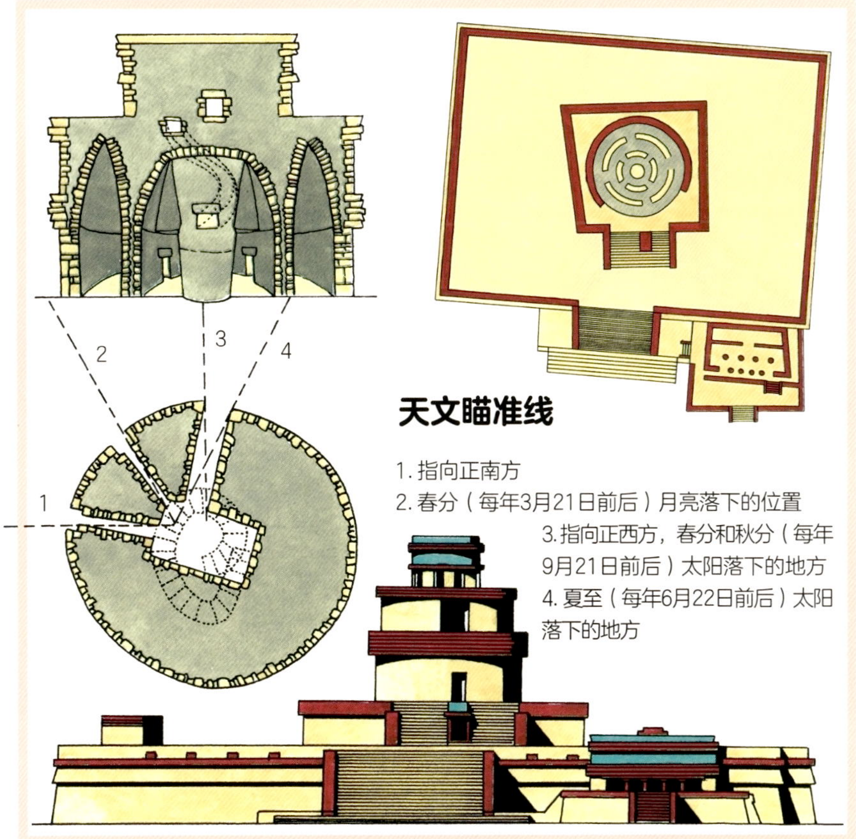

天文瞄准线

1. 指向正南方
2. 春分（每年3月21日前后）月亮落下的位置
3. 指向正西方，春分和秋分（每年9月21日前后）太阳落下的地方
4. 夏至（每年6月22日前后）太阳落下的地方

大球场

奇琴伊察的大球场长138米，宽40米，是整个中美洲最大的橡胶球球场。球场的墙壁底部镶嵌着浮雕，上面描绘了比赛结束后实施活人献祭的场景。距球场稍远的地方，竖立着被称为“特佐姆潘特利”的架子，上面穿着献祭者的头颅，十分阴森恐怖。

大球场之所以与众不同，不仅仅因为它的大小，也在于它的结构。我们还记得，球场上的运动员不能用手脚碰球，他们得把球投到石环里。大球场在两侧高悬石环的布局使得我们有理由认为，这里的选手装备比其他地方的更为重要，

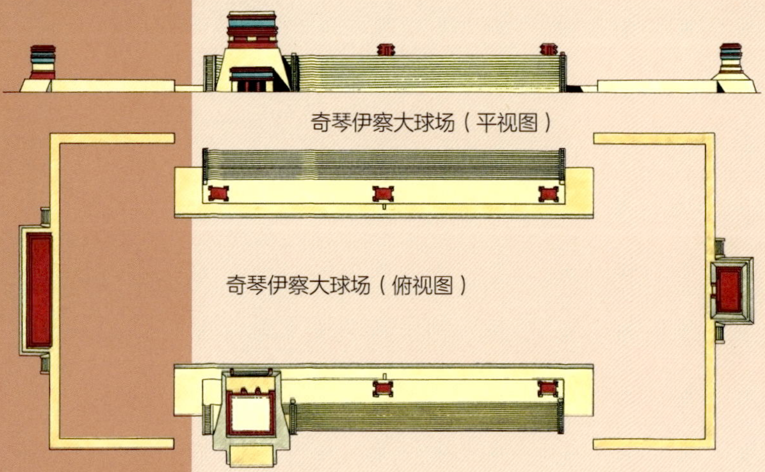

比赛规则大概也有很大不同。一般认为，比赛再现了神话中的一个场景：双胞胎兄弟胡纳赫普和希巴兰克大战下界的死神及其他恶神，并取得胜利。

大球场是中美洲面积最大的球场。通过球场边墙壁上的浮雕，我们可以清楚看到人们把输掉比赛的球队队长斩首处死的情形。两幅图右侧的建筑为美洲豹神庙

武士神庙

武士神庙忠实地再现了图拉城一座纪念性建筑物的建造风格。神庙的脚下矗立着数排石柱，上面以浅浮雕刻画着托尔特克或伊察的武士，“武士神庙”因此而得名。

难道这一排排的石柱是在军事典礼上发挥用途吗？

我们也有理由猜测，在地处热带的玛雅，这座建筑也可以构成一个有顶棚的市场。

美洲豹神庙的入口，俯瞰着大球场

武士神庙门口阶梯的顶端，有羽蛇神的头像以及持旗的人像各一对。节庆期间，人们将挂满了各种羽毛和布料的脚手架固定在石雕人像上

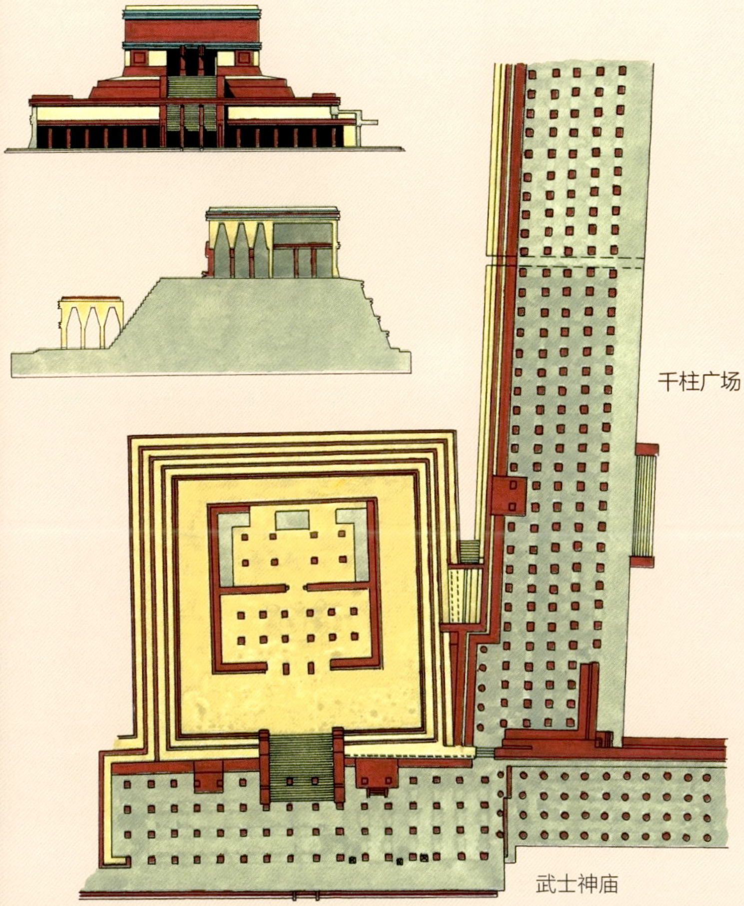

武士神庙的正门，门前的蛇形石柱颇为壮观。一名祭司正将进献的供品放置在一尊“查克穆尔”雕像的腹部。在托尔特克神庙以及混合玛雅、托尔特克风格的神庙的入口前，这种仰卧半躺的人像比较常见。在其上摆放着的供品往往是献祭者的心脏

武士神庙与千柱广场。神庙的装饰外壁上可见众多武士形象，因此得名。一排排的石柱撑起长廊，举办某些典礼时这里会派上用场，同时也可能被当成有顶棚的市场

站在武士神庙入口处远望卡斯蒂略金字塔

天然井

尤卡坦半岛的风光别具一番特色，半岛上分布着众多天然形成而且呈圆形的水井——天然井。它们是地表的石灰质岩层坍塌，由淡水蓄水层形成的。玛雅城市往往围绕着这些天赐的“水库”而建。

这个金圆盘上展现了献祭的场景。这是众多投到圣井的祭品之一

奇琴伊察之所以扬名，要归功于城中的两大天然井。其中的一座天然井提供着城中居民生活必需的水源；而较大的另一座则具有某种神圣属性。这第二座天然井通过一条长达325米的暗道与卡斯蒂略金字塔相连，暗道的尽头是一座面积较小的神庙，那里是举行受洗仪式的场所。

这座圣井深13米，吸引着各地的朝圣者，有些朝圣者从遥远的南方、北方赶来，有的甚至来自南边的巴拿马。他们向圣井的深处投放祭品，祭品大多是柯巴树脂。

根据最新的考古结果，圣井中的祭品种类多样且价值连城。这些祭品中，有面具，有金制珠宝，有金盘、铜盘，有木雕、石雕、玉雕，还有些物品毋庸置疑是战利品，比如珍珠、斧头、用于献祭的刀具和投枪器等。

相传，玛雅祭司会定期向井内投入年轻且身附昂贵珠宝的处女。

事实上，人们确实在天然井内发现了很多骸骨，但大部分是儿童的。

虽然如此，向井内投放活人的目的并不是把他们淹死。如果这些献祭者活到了第二天早晨，人们就会用一根绳子把他们从井下拉上来。玛雅人认为，在经受考验的时候，献祭者已经与神灵进行了沟通。所以，大家会询问他们未来一年内会发生什么样的事件。

献祭者溺水身亡往往被看作噩兆，预示着不幸与大灾大难将要降临。西班牙征服者恰好借此为自己的暴行做辩解。

圣井中打捞出的尸骨总共有40具，数量足以骇人了。需要提及的是，此地很危险，小孩子可能会意外跌落井中……

作为一处圣地，即便是在西班牙人入侵之后，依然有朝圣者时常光顾这里，印第安人依旧会不时向其中投放祭品。

天然井——因地表坍塌而形成的天然水井

向圣井献祭的场景。年轻的女子被投到水中，她一般需要坚持到第二天早上不被溺死。第二天拂晓时分，女子会被从井内拉上来，向负责占卜的祭司描述她见到的情形或产生的幻觉。祭司会解读女子的经历，预测未来将要发生的事情

玛雅潘

传说中，库库尔坎是玛雅潘（意为“玛雅人的旗帜”）的建城者。“库库尔坎与当地原住民达成了一致，着手建造了一座新城。他选择了一处极好的城址，距当今的梅里达7古里[1]之远。这座城市的四周有巨大的城墙环绕，城墙由干砌石垒成，长约八分之一古里，中间只有两个小门。在围城的中央，人们兴建了多座神庙：主神庙与奇琴伊察的神庙颇为相像，而另一座则是圆形的，有4个门。这些建筑竣工之后，库库尔坎命名这座城市为‘玛雅潘’……”[《尤卡坦风物志》（1566年）]

玛雅潘废墟（图片提供：John Hak）

玛雅潘始建于1100年左右，由逃离各大玛雅城市（确切地说是坐落于科苏梅尔岛的玛雅诸城）的避难者修建。我们可以看到，1200年以后的几年内，玛雅人是怎样以这座新的城市为开端，渐渐摆脱墨西哥色彩浓重的集权统治的。

经过努力，玛雅潘逐渐成为一个爱好和平的王国。

玛雅潘的建筑并不像奇琴伊察那般宏大宽敞。至于建筑的材料，与图卢姆和其他地方一样，质量相对较差。城内的装饰元素则直接取材于古典期的旧城，这样既美化了城市，又给人一种这里与玛雅旧城在文化上一脉相承的印象。

这也是为什么人们常常提及玛雅文明退化、堕落的原因。现在，我们知道情况并非如此。玛雅潘之所以相对降低了奢侈无用的开销，是因为社会与经济发展的目标发生了转变。玛雅人受够了专制的君主，他们再也不需要君主专制了。玛雅潘之所以成功建城，原因在于各部族形成了联盟。这一联盟名叫“玛雅潘联盟”，不再受到神圣国王的统治，而是由马尔特帕尔（Mul Tepal.）政府治理。与以往的集权政治相反，“马尔特帕尔”是一种集体负责的权力形式。新政府具有议政的功能，标志着政治责任的分配开始变得更加公平。这也导致了经济体系中出现了一定程度的平均主义，而此前这是闻所未闻的。商品的生产与交换使得每个人能够以更公平

玛雅潘中心全景一览。显然，图中的观象台（左侧）和金字塔（右侧）是仿照奇琴伊察同类型的建筑（卡拉科尔观象台和卡斯蒂略金字塔）建成，只不过规模更小。图中，几位臣服的领主向国王进贡，贡品是一只活捉的黑豹，品种珍稀

【1】古里为古代法国的长度单位。不同地域数值略有不同。1古里约合4千米。

的方式从经济发展中获得收益。个体的劳动得到酬劳，社会阶层之间的差距大幅缩小。事实上，如今玛雅社群的运作体系仍与当时比较相似。

所以，玛雅潘的公共建筑显得更加简朴，但这绝非由文明退步引起的。这座城市依旧拥有一些重要的大型建筑。在那里，我们可以见到一座献给库库尔坎的金字塔，相当于是卡斯蒂略金字塔的缩小版复制品。我们还能看到一座圆形的观象台，不禁令人联想到了卡拉科尔观象台，只不过规模稍逊。与那些旧城截然不同的是，玛雅潘的居民点都分布在城墙之内。这座城市的居民人口为10000人到12000人，占地面积为5平方千米，由长达9000米的被加固的城墙团团包围，中间凿出了两个大门。贵族的住所彼此相隔很近，间或还夹杂着一些平民的住房。人们日常依旧绘制壁画，阅读抄本，书写抄本。然而，好景不长……

有一个姓科科姆的人，他野心勃勃，酝酿着一场政变。此人与墨西哥的阿兹特克人结成同盟，并向对方允诺，一旦他们助他攫取了大权，他就会准许后者分一杯羹。科科姆集结了阿兹特克雇佣兵，攻下了玛雅潘，并建立了一个独裁的政权。有人还认为他是建立奴隶制度的第一人。

而科科姆的继任者们并没有更好的作为。于是，乌斯马尔城希乌家族的君王们图谋推翻政权，虽然他们的祖籍是墨西哥。大战爆发，希乌家族向科科姆家族大开杀戒，占领了这座城市，随后在1441年将其毁灭。

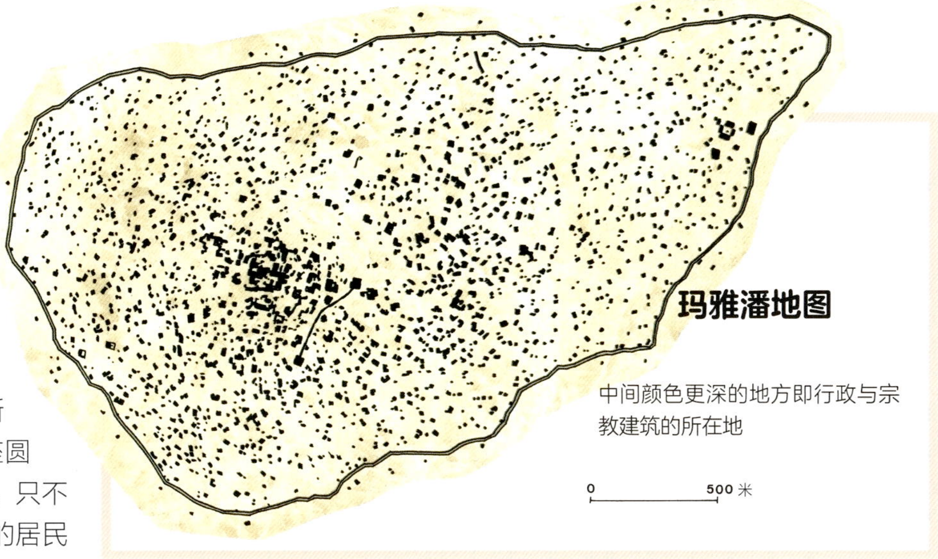

玛雅潘地图

中间颜色更深的地方即行政与宗教建筑的所在地

玛雅潘称雄时期结束后，玛雅各地分崩离析，成了酋邦，这些酋邦是独立的小国，但是彼此之间关系密切。

在危地马拉，衰落期的表现同样在于当地受到了墨西哥人的强烈影响。墨西哥中部的建筑风格成为主导因素。这一点在众多双子神庙［比如卡伊阿普（Cayhup）］的建造中尤为明显。基切玛雅人在玛雅文明中居于统治地位。为了证实他们的霸权合乎常理，基切玛雅人的头领宣称，他们的祖先来自托尔特克人的故都——图拉。他们表示，这些人与当地女子通婚，成为基切人、卡克奇克尔人、拉维纳尔人和楚图希尔人等分支的祖先。然而，各地王族与军事上的斗争并未就此停息，他们似乎并不认可强加给尤卡坦半岛的所谓“解放”。

卡伊阿普（位于危地马拉）一景。卡伊阿普是拉维纳尔王国基切玛雅人的首都。图中左侧远景的双子神庙表明，卡伊阿普受到了阿兹特克文明与墨西哥文明的极大影响。就在西班牙征服者到来前不久，这座城市被卡克奇克尔人（也是玛雅人的分支）占领

图卢姆

"城堡"金字塔全景

"冈萨洛·格雷罗学习了当地语言，被卖给了切图马尔的酋长。酋长将战争事务委托于精通此道的他。格雷罗教会了印第安人如何打仗，如何修筑堡垒和要塞，因此载誉累累。他的主上还将一名贵族女子嫁给他，夫妻俩生儿育女。于是，他从未像阿圭勒那般伺机逃脱。他通体绘满了纹饰，头发肆意蓄留，双耳打了耳洞以便挂配饰……"
[《尤卡坦风物志》（1566年）]

1511年，第一批西班牙人在尤卡坦半岛登陆。他们的船只遭遇了海难，上岸后就成了献给神灵的牺牲品。这批人中，仅有两人成功脱逃。其中一位姓阿圭勒[1]的，后来又加入了科尔特斯的队伍。而另一位名叫冈萨洛·格雷罗的则迎娶了一位印第安女子并育有子嗣。此人熟知西班牙人的状况，向玛雅人发出了预警，成了一支玛雅军队的首领，帮助他们成功击退了西班牙人的第一拨进攻。

1518年，当西班牙征服者格里哈尔瓦沿着尤卡坦半岛的海湾航行时，他不禁被图卢姆城的景象所折服。他把所看到的金字塔叫作"高塔"，而且不假思索地将图卢姆比作西班牙的塞维利亚。

壁画神庙

柱廊上部有降神的图案

【1】阿圭勒当了8年奴隶（从1511年到1519年）。

图卢姆地图

1. “城堡”金字塔
2. 小王宫
3. 大王宫
4. 壁画神庙
5. 寇乐顿殿
6. 墓葬群
7. 降神庙
8. 城墙

图卢姆的本名为“扎马”，即“曙光之城”，沿着加勒比海的海岸而建。若从城上的悬崖眺望，有可能看到海上日出。这座无论时代还是风格都属于衰落期的城市，仅仅留存下一根具有古典期风格的石柱。或许，有个部族不得不离开家乡，建立了这个新的小镇，这根石柱就是为了纪念建立小镇而矗立的。图卢姆的建筑受墨西哥人的影响较小，最早的建筑不早于西班牙人到来前的300年。

图卢姆城（海港一瞥），此处风景与1518年格里哈尔瓦为首的西班牙征服者所望到的景象并无二致。“我们望到了一个村镇，那里风景壮美，就像塞维利亚一样，其美丽程度并不比塞维利亚逊色分毫。我们还看到那里有一座高塔（卡斯蒂略金字塔）”

此遗址跨越了6000米长的海岸线，但中央却被一道巨大的城墙围住。起初，城墙上有一排胸墙和一条防御通道。城墙高4米，宽6米，其中的三个面共凿有5个大门，而第四面墙则不设防，因为有悬崖作为屏障，悬崖下方便是大海。城墙的各个角落都设有塔楼，用来监视放哨。城中的主要建筑名为“城堡”，是城里唯一一座金字塔。

因为地理位置得天独厚，图卢姆曾是一处重要港口。岩石峭壁之间夹着一片小小的沙滩，是船只出入的安全海港。这里，全年都有重要的贸易往来，碎石铺就的小路通向城市的内部。

图卢姆建筑的特别之处在于，它们总是有着宽阔而高耸的屋顶。图卢姆所采用的砖石结构质量平平，其缺点被厚厚的灰泥涂层所掩盖。这里的建筑普遍较小，有的甚至极小。在有的建筑中，中楣和上楣的修筑都较为潦草。

然而从整体来看，图卢姆的建筑却令人难以忘怀，具有一种神秘而无法言说的魅力。这些建筑中也有精美的壁画，讲述这座城市辉煌的过去，而且壁画的风格更接近阿兹特克而非波南帕克。降神从天际降临，接受人们供品的情节往往是壁画的主题。

作为一座城市，图卢姆一直被经营到1544年，随后因为不断遭受海盗侵袭而最终被人遗弃。

这座小神庙的墙壁上绘有多处颜色单一的壁画。壁画以降神为前景。其手法虽然似乎属于玛雅式，却透出浓厚的墨西哥风格。我们隐约可以看见，画中的远景是“城堡”金字塔

中间是图卢姆的主金字塔“城堡”金字塔。前面左侧是降神庙

“城堡”金字塔左侧就是降神庙

图卢姆中心城区全景图。右边是“城堡”金字塔及其附属建筑。靠左边一点，“城堡”金字塔的对面是壁画神庙以及大小王宫

征服与回归

征服

与传言相反，在西班牙人到来之际，玛雅文明并未分崩离析，而是在不断发展着、融合着。西班牙人发现，玛雅人的聚落稳定、繁荣而又富有教化。这些聚落由一张覆盖面广、纵横交错的商贸网络连接起来。玛雅的政治制度多种多样。有些城邦的等级比较分明，“真人”（君主）是他们的首领，“巴塔博”（官员）是他们的臂膀。另外一些区域只承认巴塔博的权力，否认国王的权威。聚落依旧比较自由，但聚集形成了各种联盟，联盟中并不存在强有力的权威。

玛雅人与西班牙人最初的交往很快演变为暴力冲突。在印第安人的最初遭遇中，西班牙征服者们想要假装无辜，但这并不能诓骗当地的印第安人。因为他们已经对加勒比群岛蒙受的劫难有所耳闻，而西班牙人正是罪魁祸首。

另外，我们还在前文提到了一个人——格雷罗，他背叛了西班牙，投靠了玛雅人，并提前向他们告知了西班牙人的状况。

1517年，科尔多瓦发动了第一次进攻。他遭遇了埋伏，兵团伤亡惨重，而他自己也在负伤不久后阵亡。

1518年，格里哈尔瓦发起了第二次进攻。他发现了图卢姆，然而他每到一处就会遭遇当地人的抵抗，最后无功而返。

1519年，科尔特斯来到这里。数年前，他找到了遭遇海难的阿圭勒，试图引诱格雷罗。后来，他又发现了阿兹特克帝国，这对玛雅人来说真是幸事。尤卡坦半岛黄金稀少，而且玛雅人对西班牙人怀有敌意。所以，他转而选择征服墨西哥中部。

1523年，科尔特斯手下有一名中尉，名叫阿尔瓦拉多，在战败的阿兹特克人帮助下，征服了危地马拉。

1527年，科尔特斯手下的另一名中尉——老蒙特霍，开始向尤卡坦半岛发起冲击。他的军队对印第安人进行了血腥的屠杀，但仍被击退。

1529—1534年，老蒙特霍又接连发动了战争，最终还是被迫撤退。玛雅人的抵抗运动此起彼伏。此外，当时的西班牙人还发现了秘鲁，那里黄金之多难以估量。老蒙特霍麾下的不少士兵更愿意去印加帝国，加入西班牙征服者皮萨罗的队伍。老蒙特霍从此一蹶不振，折返前往洪都拉斯，他于1535年征服该地，完全放弃了进军尤卡坦的计划。

1537年，老蒙特霍的儿子小蒙特霍重起战事。

1542年，小蒙特霍占领了提霍，并在那里建立了首府梅里达。

1545年，西班牙人占领了尤卡坦全境，但战事持续到了1547年。尽管所有起义首领都被西班牙人处决了，玛雅人的游击队依然没有放弃抵抗。玛雅已经成了格雷罗的新故乡，为了保卫玛雅，他率军队打响了战斗，最后英勇战死。

需要指出的是，虽然西班牙征服者所率领的军队人数并不算多（大约300人到400人），但是他们的队伍中还有大量印第安盟友，有时候还有墨西哥雇佣兵。但最重要的是，这些西班牙军队在军事实力上具有压倒性的优势。马匹、铁兵器、铁甲、大炮、弩机和火枪，这些武器极大地弥补了他们在人数上的劣势，而这些武器都是印第安人闻所未闻的。读者只需要瞥一眼上方的西班牙征服者的插图，就能明白这一显而易见的事实。

方济各会的修士们开始致力于让印第安人改变信仰。为了方便他们的工作，他们毁灭了被征服民族的物质文化与精神文化。他们在神庙的废墟上修建了教堂，焚毁了书籍，禁止玛雅人使用玛雅文字，从此窃取了玛雅人的历史，偷走了他们的民族身份。

在这一点上，我们回顾一下前文所提到的伊察国王的历史，他和他的族人以及美女远走他乡，逃到了森林之中，建立了塔亚萨尔王国。数百年间，塔亚萨尔——这个最后的堡垒依旧殊死抵抗。直到1697年，经过许多徒劳的努力后，这座最后的玛雅城池终于沦陷。

回归

难道，玛雅人的历史就此戛然而止了吗?

当然不会的。在西班牙人占领他们的故土之后，当地人的起义此起彼伏，他们惨遭血腥的镇压。玛雅人委身为奴隶，在黑夜之中走过了漫漫长路。除了大屠杀之外，从欧洲带来的各种疾病也使对这些病没有免疫力的玛雅人死亡了四分之三。尽管如此，他们深深地眷恋着自己的传统，于绝望之中竭尽全力，抵抗西班牙民族的文化。玛雅人开始将他们的信仰与强加给他们的基督教教义巧妙交织在一起，即便宗教裁判所也无法分辨

一二。如此一来，他们大部分的精神遗产就得以保留了下来。

此外，在中美洲，从未有民族像玛雅人这般，反抗次数如此之多。他们的抗争贯穿各个时代，从1761年到1847年，再到1890年，直到今天。他们甚至还在1890—1910年间恢复了独立。

在危地马拉，对印第安人的压迫演化为大屠杀。在近80年内，有约10万玛雅人惨遭屠杀，约4万人“失踪”。考虑到因此而破碎的家庭，悲剧超乎想象。但是，远方的曙光似乎终于照耀在了地平线上。

前景是乐观的。我们开始认识、学习玛雅文字。现在，玛雅人成为尤卡坦半岛上重要的少数民族，在危地马拉则是主要民族。1974年，第一届墨西哥印第安人大会召开，与会代表们只使用玛雅语各抒己见，这是历史上的第一次。印第安人要求培养教师，这些教师可以传授印第安人本土的价值观，可以讲他们本民族的语言。他们强调，必须如实传播教授他们真正的历史，通过深刻了解这一古老文明而为他们的民族赢得相应的尊重。此外，他们还相信那些古老的预言。众所周知，信仰可以翻山越岭。

也许玛雅人终将会走出他们幽闭的丛林，修筑起新的城市，他们又会迎来新的太阳。

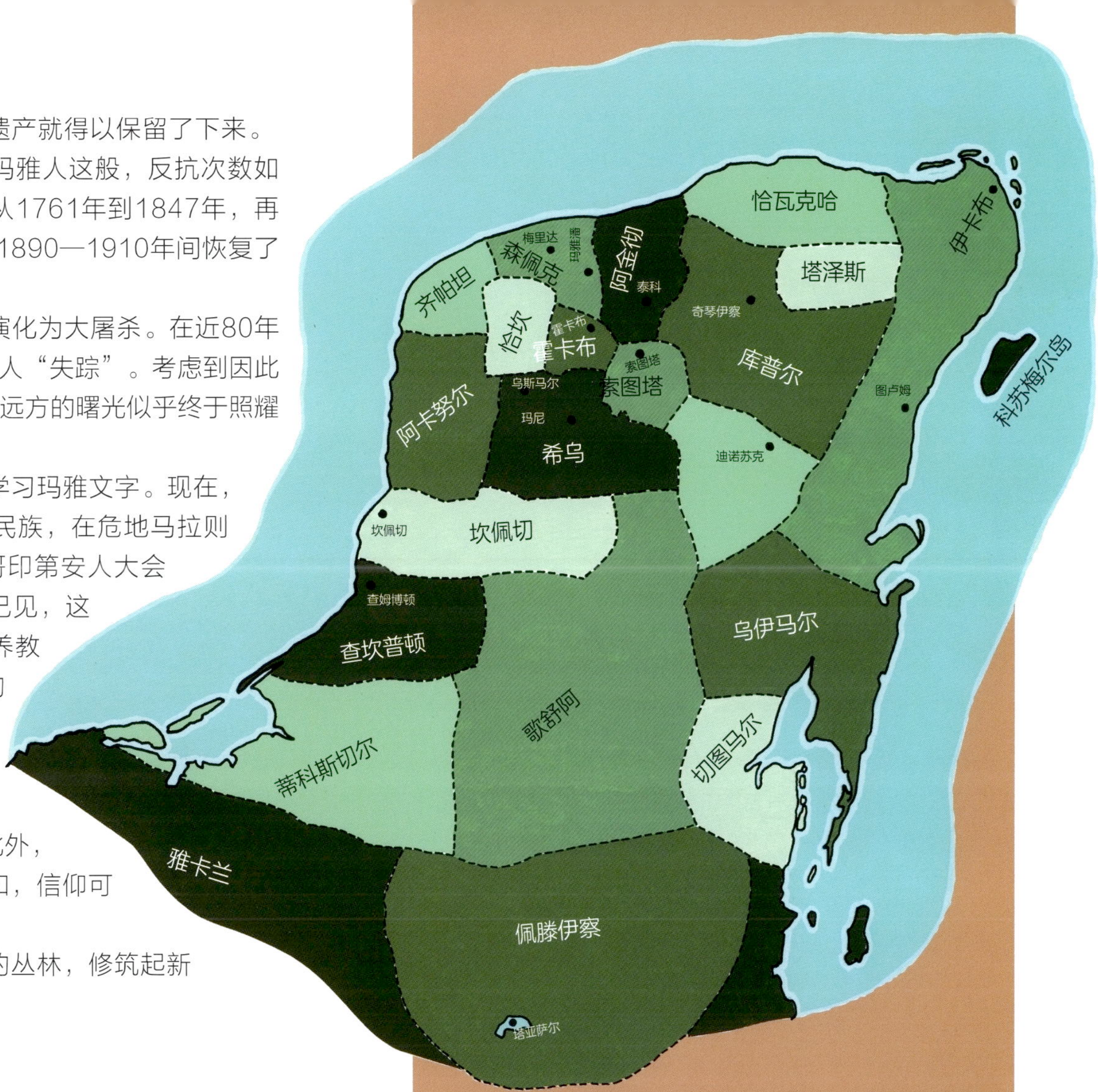

科尔多瓦被引进了玛雅人的埋伏圈，几乎全军覆没

建筑与器物（一）

1~5：分层线脚的样式。图5属于衰落期（图卢姆）。
6~10：玛雅建筑由屋顶倾斜的茅草屋演变而来。屋顶倾斜又演变成了石质的假拱。
11：建造拱顶的各个阶段。
12：金字塔本身就是大型的防御设施，下图所示的纯粹防御设施较为罕见。
13：石头砌成的小房子。
14：现在玛雅人的房屋与过去大体相同。墙壁可以用圆木、编织起来的树枝、黏土或石头砌成。
15：屋顶上覆盖了棕榈叶或成捆的芦苇叶。
16：乌斯马尔的石头王座。
17~18：建筑的各个面和拐角处常见的各种石雕或灰泥装饰元素，其中常有雨神恰克的人面像。
19~20：石柱样式。
21：各种纪念仪式中不可或缺的典型石柱。
22：长柄勺状的葫芦容器。
23~25：各种农具。
26、31：小型家族神像。
27：葫芦水壶。
28：碾碎玉米粒的石碾子。
29~30：各式耳饰。
32：玉质丧葬面具（帕伦克国王巴加尔）。
33：桌子或长凳，上面摆放着一沓书。
34、37：各式项链。
35~36：香炉。
38、39、43、44、45：各式陶罐和鼎/瓮。45号陶罐是用来装可可的（可可是巧克力的原料，起源于中美洲）。
40：陶盘。
41：黑曜石耳饰。
42：腰带扣子上的人的头像。
46：纺织机。

建筑与器物（二）

1~2：美洲虎形状的王座。
3~8：石质的祭坛往往由各种男性装饰风格的人像柱支撑着。
9：查克穆尔：仰卧半躺的人像，腹部有一托盘。这种人像在衰落期神庙的顶端比较常见。“查克穆尔”很有可能是用来盛放被献祭者的心脏的。
10~11：衰落期的石像，保留了最初的颜色。
12：玛雅古典期的又一创新之处，神庙正面的入口处有蛇形的石柱。
13~16：蛇形的雕刻处处可见。蛇形雕刻取代了保护神的形象，在石柱的底座，阶梯顶端或底部到处可见。
17~18：衰落期一种神（美洲虎神）像的正面和侧面。
19：另一尊衰落期的神像。
20：橡胶球球场典型的石环。球手们需要将橡胶球射入环中，而且不得用手和脚运球。
21：木雕面具。
22、23、24、30：衰落期的壶和花瓶。
25：衰落期用黄金、绿松石和黑曜石做的耳环。
26：背盾，是一种腰部护具，入侵玛雅文明的伊察人、托尔特克人时常佩戴。
27：奇琴伊察天然井中发现的黄金面具。
28：衰落期的三足鼎。
29：衰落期的熏香花瓶。
31：衰落期的金项链。

人物与服饰（一）

自从西班牙人征服玛雅以来，玛雅人的服饰已经发生了巨大的变化。以前，玛雅人整体上衣不蔽体。男人们腰上系着一条五指宽的缠腰布，布料是棉的，两端会自然垂落。天气变冷的时候，玛雅人会穿一种无袖的外衣，有的颜色鲜艳，上面装饰着刺绣图案和羽毛。最后，他们会在两个腋窝之间夹一块长长的方形棉布，于左边的腋窝下系牢，这种服饰叫作方形棉布披肩。穷人们则把方形棉布披肩当作床单用。由于西班牙人迫切地希望用他们的文化取代玛雅本土的文化，所以他们强迫玛雅人改装易服，穿上欧式服装。也许，他们或多或少地改变了玛雅男人的服饰，但是在玛雅女人服饰方面，他们完全失败了。玛雅的女性是家庭与传统的掌门人，她们居然奇迹般地将玛雅女性衣着方面的遗风保留了下来。在中美洲，有些地方只准许女人与小孩出入，那些地方依旧弥漫着一种奇特的气息，仿佛一切都沉浸在哥伦布发现新大陆之前的时代里。在西班牙人到来后，玛雅的知识精英、文化精英，不是被杀害就是被同化。而那些华丽的头饰，那些黄金美玉打造的珍宝，那些点缀着羽毛的衣裳，一切的一切都随着古玛雅人的消失而烟消云散了。

1：普通玛雅人服饰。一小块布中间有个洞，这仍然在特索特希尔-玛雅人中使用，是著名的庞乔斗篷（poncho）的前身，在墨西哥十分有名。

2、3、4、7：特索特希尔-玛雅妇女，她们身穿“维皮尔”（huipil）罩衫还有棉质的裙子。

5、6：特兹尔塔兰的玛雅女性。她们都身穿一种名叫“维皮尔”的前哥伦布时期罩衫，还有“线团”结（这个词来自西班牙语，但样式不同）。“维皮尔”上面有一块衣襟，衣襟通过腰带系在维皮尔上面。

8：托托纳克的女性，手持柳条编的折扇。

9~14：衰落期玛雅酋长与武士的装扮。图14的武士手持军旗。他们的武器有标枪、长矛或棍棒。长方形的盾牌要么质地坚硬，要么装有铰链。

15~20：奇琴伊察的一支橡胶球队。由于橡胶球比较沉重，球员们的胳膊和右膝均戴上了护具。他们的腰部戴上了一种（可能是木质的）防护衣，上面雕刻着花纹，一定是用来保护胸部和脸部，免遭橡胶球撞击的。图中，比赛的规则一定不同于往常，因为球员们手中都拿着一种未知的工具，用工具去运球。

21~26：托尔特克和伊察武士群像。他们熟练使用弓、箭还有投枪器。图22的武士手持玛雅军旗。图24的武士配备有投枪器。图25的武士正准备用投枪器远射。这群入侵者常常戴着圆柱形的头盔，上面装饰着绿松石或玉石，头盔上插着羽毛装饰。头盔上有鸟喙或蝴蝶的装饰图案，两者都是战神的象征。武士的手臂由棉花和羽毛的填充物保护。腰部和后背底部覆盖着护具。盾牌一般是圆形的，他们的短剑由黑曜石制成，属于墨西哥风格。

27：奇琴伊察活人献祭的场景。图中执行献祭的祭司应当是“雄鹰战士”中的重要成员。

28：一名士兵将俘虏带到献祭的祭台前。

29：伊察祭司，也是主持献祭的人。

30~34：贵族女性常用的衣着服饰。

30：紧身长裙。

31：“维皮尔罩衫”。

32：女用长披肩和裙子。

33：方形披肩和裙子。

34：玉石项链、方形披肩、玉手串、有鲨鱼头纹样的腰带和裙子。

35~38：各种款式的凉鞋。

人物与服饰（二）

1、2：玛雅平民。大部分平民是农民。他们大都身穿棉布织成的缠腰布。这些在土地上劳作的人并不像西方人那样进行翻耕，对他们而言，用锄头在地里刨出一个坑，在坑里面撒上一些种子，这就足够了。第2幅图的农民用的是某种锄头。

3：搬运工或商人。由于当地没有负重的牲畜，所有物资都是靠人力背负搬运的。搬运工将物品和货物安放在木筐里，把木筐背在背上，用一根背带将木筐系牢，背带再交叉着套在额头上。

4~6：女性们的服饰更加复杂。每个部落都有属于自己的布艺和颜色。

7：这名女性正在用踞织机织布，踞织机的一端固定在墙上或支架上，织布人用一根带子将后背和踞织机绑在一起，使其保持水平。

8~9：玩橡胶球的小孩。玛雅的孩童和青少年，无论男女，身上都仅仅裹着一块缠腰布，但是大部分人在青春期之前都赤身裸体。

10：手持祭品的人。

11：吹喇叭的人。这种喇叭是木质的，有的体积巨大。

12~15：化装成水生动物形象的舞者。他们这身装扮一定是在纪念雨神、丰收之神“恰克”。我们可以看到，有一名男子带着鳄鱼头饰，一名男子身着甲壳动物的饰品。

16、17：一名主持献祭的祭司，旁边是他的副手。

18：科潘国王的服饰。这名国王手持权杖，上面有两个龙头，这是最高权威的象征。

19、20：女人与少年。女人穿的长裙是棉花织成的，边缘有彩色纹饰。这种款式的衣服在尤卡坦半岛比较常见。

21：贵族成员。玛雅贵族往往戴着高耸而精致的发饰，上面点缀着克沙尔鸟的羽毛。

22：一名贵夫人，旁边有一人为她撑伞，以免她被太阳晒到。

23：王后及她的服饰。

24：一位大臣。

25：一名书吏。

26：一个头顶陶罐的平民女子。

27：一个准备烙玉米饼的女人，她正在用石碾子磨碎玉米粒。

28~30：一名玛雅军官把他不久前抓捕的俘虏带到波南帕克的国王亚价·强·穆安面前。

31：玛雅武士。

32：美洲豹武士。玛雅在古典期渐渐发展形成了“美洲豹武士”和“雄鹰战士”两大兵种，日后它们成为阿兹特克帝国大名鼎鼎的精英部队。

33：美洲豹武士中的军官。

34：雄鹰战士中的军官。

35：一名墨西哥雇佣兵。他们并不属于玛雅人，但其军队混合了玛雅和墨西哥元素。

36~39：大战中，波南帕克的国王亚价·强·穆安在属下的护卫下抓捕俘虏。

40~41：两名墨西哥入侵者。

42~43：玛雅军官。

44：托尔特克武士。侵略部队的主力来自墨西哥中部。

奇琴伊察的卡拉科尔观象台

图书在版编目（CIP）数据

玛雅 / （法）雅克·马丁著 ； 尹明明，苏湘宁译. —
北京 ： 北京出版社，2023.8
（时光传奇）
ISBN 978-7-200-17300-0

Ⅰ. ①玛… Ⅱ. ①雅… ②尹… ③苏… Ⅲ. ①玛雅文化—青少年读物 Ⅳ. ①K731.2-49

中国版本图书馆CIP数据核字（2022）第115844号

北京市版权局著作权合同登记号：01-2022-2352

责任编辑：王冠中　米　琳
责任印制：刘文豪

时光传奇
玛雅
MAYA
［法］雅克·马丁　著
尹明明　苏湘宁　译

出　　版　北京出版集团
　　　　　北京出版社
地　　址　北京北三环中路6号
邮　　编　100120
网　　址　www.bph.com.cn
总 发 行　北京出版集团
发　　行　京版若晴科创文化发展（北京）有限公司
经　　销　新华书店
印　　刷　北京雅昌艺术印刷有限公司
版　　次　2023年8月第1版
印　　次　2023年8月第1次印刷
成品尺寸　235毫米×305毫米
印　　张　8
字　　数　90千字
书　　号　ISBN 978-7-200-17300-0
审 图 号　国审字（2022）02910号
定　　价　78.00元
印　　数　1—10 000
如有印装质量问题，由本社负责调换
质量监督电话　010-58572393
责任编辑电话　010-58572473